Bíblia da Seleção Brasileira de Futebol

Título
Bíblia da Seleção Brasileira de Futebol

Autor
Luís Miguel Pereira

Adaptação
Duda Guenes

Revisão
Mário Rui Pais

Design e Paginação
Rosa Castelo

Impressão
Edições Loyla

1ª edição
Junho de 2010

ISBN
978-85-63182-01-2

Dados Internacionais de Catalogação na Publicação (CIP)
(Câmara Brasileira do Livro, SP, Brasil)

Pereira, Luís Miguel
  Bíblia da Seleção Brasileira de Futebol / Luís Miguel Pereira ;
prefácio Tostão. -- São Paulo : Almedina, 2010.

ISBN 978-85-63182-01-2

1. Futebol - Brasil 2. Futebol - Brasil -
História I. Tostão. II. Título.

10-05696   CDD-796.3340981

Índices para catálogo sistemático:

1. Brasil : Futebol : História 796.3340981

Todos os direitos reservados para o Brasil.
©2010 Luís Miguel Pereira , Prime Books e Almedina Brasil
Almedina Brasil, Ltda.
www.almedina.com.br
brasil@almedina.com.br
Prime Books – Sociedade Editorial, Lda.
www.primebooks.pt
marta.abreu@primebooks.pt

Bíblia da Seleção Brasileira de Futebol
as sagradas escrituras da canarinha

Luís Miguel Pereira

Prefaciado por **Tostão**

A todos os deuses da bola brasileiros

Prefácio
Tostão

A perfeição não existe

A Seleção Brasileira da Copa de 1970, considerada por muitos a melhor do mundo de todos os tempos, tinha três canhotos do meio para a frente: Gérson, Rivellino e Tostão. Não há nada de estranho nisso. Apenas não é o mais comum.

Muitos ainda vão lembrar dessa Seleção como a que tinha cinco jogadores que usavam a camisa 10 em seus clubes. Não é verdade. No Cruzeiro, eu jogava com a 8. Os outros quatro, Pelé, Jairzinho, Gérson e Rivellino atuavam com a 10.

Gérson e Rivellino eram jogadores de meio-campo, no Botafogo e no Corinthians. Tostão e Pelé eram pontas de lança, como se falava na época, atacantes que recuavam para receber a bola. Jairzinho, no Botafogo, jogava, às vezes, de ponta direita (hoje não existe mais essa posição) ou como um atacante, pelo meio.

Na Seleção, os cinco tinham posições e funções diferentes. Por isso, deram certo juntos. Gérson e Pelé jogaram como em seus clubes. Rivellino atuou como um ponta esquerda recuado, como Zagallo, técnico da Seleção, fez nas Copas de 1958 e 1962, como jogador. Jairzinho jogou de ponta, entrando muito em diagonal, pelo meio. Eu atuei como centroavante.

Quando Zagallo assumiu o comando da Seleção, no lugar de João Saldanha, disse que eu seria reserva de Pelé, já que jogávamos na mesma posição, em nossos clubes. Zagallo convocou dois centroavantes, Roberto e Dario. O técnico experimentou os dois, mas não ficou satisfeito.

Perto da Copa, Zagallo me chamou e perguntou se eu poderia atuar mais à frente, como um centroavante, de uma maneira diferente da que fazia no clube. Disse a ele que não haveria problema, que jogaria como Evaldo, centroavante do Cruzeiro. Evaldo era um pivô, na frente, facilitando as jogadas para quem vinha de trás. Foi o que fiz na Copa.

Não fui um meia-atacante, mais armador, como era no Cruzeiro, nem um típico centroavante, um finalizador. Fui um centroavante armador.

Quando a Seleção perdia a bola, os cinco voltavam para o próprio campo. Com isso, diminuíam os espaços na defesa. Os europeus não sabiam jogar em pequenos espaços, já que usavam muito a velocidade e as bolas longas. Isso acontece até hoje.

Quando o time brasileiro recuperava a bola, Gérson, Rivellino, Jairzinho, Pelé e Tostão avançavam, trocando passes, tabelas, ou utilizando as jogadas em velocidade, principalmente para Jairzinho, que conseguia recuar, marcar e atacar, como os grandes jogadores modernos de hoje.

No segundo gol do Brasil, contra o Uruguai, todo o time brasileiro estava em seu campo. Jairzinho desarmou na intermediária, entregou para Pelé, que entregou para Tostão, que deu o passe para Jairzinho receber a bola na frente, já na intermediária do time uruguaio. Um perfeito gol de contra-ataque.

A Seleção de 1970 foi excepcional porque tinha muito talento individual, o melhor jogador do mundo de todos os tempos (Pelé) e um ótimo conjunto, além de um excelente preparo físico. Quando todas essas qualidades se juntam, forma-se uma equipe espetacular, inesquecível.

A Seleção passou a ser uma lenda, como se fosse perfeita. Quanto mais os jovens veem agora essa equipe pela televisão, percebem que a equipe era espetacular, mas que não era perfeita. Alguns ficam até decepcionados, porque escutaram de seus pais que era uma seleção sem defeitos. A perfeição não existe.

Tostão

Introdução
Luis Miguel Pereira

Deuses da bola

Levei o aviso de Lisboa: "Ele não simpatiza com jornalistas". Assim mesmo arrisquei. Convenci-me que não regressaria a Portugal sem uma reportagem com Chico Buarque no Politeama, o famoso time criado pelo compositor.

"Voz amiga" soprou-me a informação sobre o paradeiro de Chico, e eu lá estava no Recreio dos Bandeirantes, no dia e hora combinados. Chovia. Entrei, sem câmara, e perguntei ao homem do bar se Chico jogaria naquele dia. Que não, respondeu desconfiado. Que estava para Paris e não voltaria tão cedo. A resposta não me convenceu, por isso esperei... no carro, para não ficar ensopado.

Momentos mais tarde apareceu um vulto, pulando as poças de água. Era o craque, com uma mochila a tiracolo. Aquele corpo seco e magro assemelhava-se ao de um peladeiro comum. Dei cinco minutos, respirei fundo e entrei. No curto trajecto até ao bar – onde Chico encostava o corpo apoiado no antebraço – pensei nas várias possibilidades de reacção, cada uma pior que a outra. Estava preparado para o pior.

Estendi a mão, apresentei-me e notei-lhe o sobrolho carregado assim que pronunciei a palavra Jornalista. Desfiz-me em elogios, jurei-lhe que ele era a banda sonora da minha vida e que não me perdoaria sair dali sem um registro de sua arte com a bola nos pés.

Chico ouviu atentamente. Deixou correr uns segundo de silêncio que mais pareciam horas... e respondeu com uma frase: "Muito bem. Você pode filmar o treino na condição de jogar também". Fiquei confuso. Seria uma armadilha? Olhei para o meu cenegrafista e obtive um sorriso cúmplice. Ainda argumentei que não tinha roupa nem calçado apropriado... mas Chico respondeu, já de costas, que isso não seria problema porque pares de ténis, calções e camisas havia de sobra no vestiário.

No momento em que pisei o campo do Politeama, senti necessidade de me beliscar. Eu partilhava o gramado com um dos maiores astros da cultura brasileira, jogando contra – é certo – mas partilhando.

Não recordo o resultado. Sei que marquei dois gols e sei também que Chico interpretou essa ousadia com um olhar reprovador. No final, estendi o microfone e o cantor concedeu uma entrevista rara onde, entre outras pérolas, confessou considerar-se melhor futebolista do que músico. Foi o momento de morder o lábio para evitar a risada.

Este episódio da minha vida profissional retrata as três razões fundamentais que me empurraram as mãos para a concretização deste livro: a paixão dos brasileiros pelo futebol, independent da posição social (a obsessão de Chico); a capacidade quase religiosa desse esporte para derrubar barreiras, por muito altas que sejam (a minha reportagem); e a fé que nunca devemos perder, no futebol e na vida, nas grandes e nas pequenas causas (a minha persistência).

A união Bíblia / Seleção Brasileira revelava-se um casamento perfeito. Em nenhum outro caso do universo futebolístico faria tanto sentido juntar fé e bola. Como dizia Nelson Rodrigues, "nenhum brasileiro consegue ser nada, no futebol ou fora dele, sem a sua medalhinha no pescoço, sem os seus santos, as suas promessas e, numa palavra, sem o seu Deus pessoal e intransmissível".

Esta é a bíblia de São Pelé, São Garrincha, São Zico e outros anjos coadjuvantes. Verdadeiros deuses da bola. Os fiéis podem, mais uma vez, venerá-los através destas páginas: as sagradas escrituras da canarinha.

Luis Miguel Pereira

"Deus é brasileiro"

Nota: Os dados constantes deste livro reportam ao final de 2009

Irmãos e técnicos da Seleção

Aymoré Moreira e Zezé Moreira foram os únicos dois irmãos a dirigirem a Seleção Brasileira ao longo da história. Zezé foi o primeiro, levando o Brasil à conquista do Campeonato Pan-Americano de 1952. Mas o título não foi suficiente para manter Zezé no cargo. A torcida achava que a Seleção jogava um futebol feio e Zezé Moreira foi substituído pelo próprio irmão, Aymoré Moreira que levaria o Brasil ao bicampeonato mundial em 1962.

Jogo de estréia

O primeiro jogo da Seleção Brasileira aconteceu a 21 de julho de 1914. Foi um encontro particular frente ao poderoso time inglês do Exeter City, realizado no Estádio das Laranjeiras (Rio de Janeiro), lotado, que na época era o maior do Brasil. A Seleção composta por jogadores convocados pela Confederação Brasileira de Sports, venceu por 2 x 0.

Religião F. C.

Alguns jogadores com nomes ou apelidos relacionados com religião que já vestiram a camisa da Seleção Brasileira:

JOGADOR	ANO
Cardeal	1937
Gabriel	2005
João Paulo	1987
Marinho Chagas	1973
Moisés	1973
Natal	1967
Nazareth	1917
Pagão	1957

Primeiro pênalti

Sylvio Lagreca marcou o primeiro gol de pênalti pela Seleção Brasileira. Foi a 3 de outubro de 1917, no Estádio Parque Pereyra, em Montevidéu (Uruguai), em jogo a contar para o Campeonato Sul-Americano frente à Argentina. Lagreca bateu o goleiro Carlos Isola naquele que foi o segundo gol do Brasil, aos 40 minutos, na derrota por 4 x 2. O juiz que deu o pênalti foi o chileno Carlos Fanta.

Zoológico F. C.

Alguns jogadores com nomes ou apelidos de animais que já vestiram a camisa da Seleção Brasileira:

JOGADOR	ANO
Barata	1921
Bodinho	1956
Canário	1956
Coelho	1923
Edson Cegonha	1965
Falcão	1976
Formiga I	1922
Formiga II	1955
Galo	1916
Garrincha	1955
Lagarto	1925
Leão	1970
Lula	1971
Pavão	1955
Pintinho	1979
Rato	1931
Tatu	1922

Vestiário trancado ao intervalo

A Seleção Brasileira dava os primeiros passos nas eliminatórias de qualificação para a Copa de 1970, sob o comando técnico de João Saldanha. Naquele dia, no Estádio Olímpico, os especialistas previam uma goleada tranquila frente à modesta Venezuela. Mas o primeiro tempo terminou com um preocupante 0 x 0, "duas bocas abertas, dois longos bocejos", como diria o escritor Eduardo Galeano. João Saldanha, exasperado, esperava os jogadores na linha lateral. Quando os atletas se encaminhavam para o vestiário, o técnico gritou: "Não vou dar nenhuma instrução. Para jogar esse futebolzinho que vocês jogaram, nem adianta. Voltem lá e façam o que vocês sabem!". Os jogadores ainda argumentaram que precisavam beber água, utilizar o banheiro, mas Saldanha foi irredutível. O time voltou ao campo e deslumbrou com uma goleada por 5 x 0.

Times históricos

Primeiro jogo – 21 julho 1914 (Amistoso)

BRASIL 2 X 0 **EXETER CITY**

Comissão Técnica: Sylvio Lagreca e Rubens Salles

Campeões sem título

Antes da decisão contra os uruguaios, para a Copa de 1950, o Brasil foi invadido por onda de otimismo exagerado que dava como certa a conquista do título mundial. Rádios e jornais não se cansavam de elogiar o time brasileiro que iria defrontar o Uruguai no Maracanã. Na véspera do jogo, o jornal "Diário do Rio" publicava a manchete "O Brasil vencerá!", enquanto o vespertino carioca "A Noite" escrevia por baixo de uma foto da Seleção "Estes são os campeões do mundo". Três dias antes da final, era sucesso de vendas nas ruas do Rio de Janeiro um poster muito especial: a foto da Seleção Brasileira perfilada, por baixo o Maracanã e por cima as bandeiras dos países participantes na Copa alinhadas com a inscrição "Brasil Campeão Mundial de Futebol – 1950". A derrota para o Uruguai, 1 x 2, foi uma lição para o país.

O verdadeiro nome de...

Alemão
Ricardo Rogério de Brito

Alexandre Pato
Alexandre Rodrigues da Silva

Explicação O apelido Pato deriva do fato de ter nascido em Pato Branco, uma cidade do Paraná. Alexandre ganhou o novo nome quando jogava no Internacional de Porto Alegre.

Bebeto
José Roberto Gama de Oliveira

Bigode
João Ferreira

Branco
Cláudio Ibraim Vaz Leal

Explicação Cláudio, ainda muito jovem, atuava num time em que os restantes elementos eram negros. O apelido "Branco" veio desses tempos.

Cafu
Marcos Evangelista de Moraes

Careca
Antônio de Oliveira Filho

Explicação Ganhou o apelido porque era fã de Carequinha, um dos mais famosos palhaços brasileiros de sempre.

Coutinho
Antônio Wilson Honório

Dida (goleiro)
Nélson de Jesus Silva

Didi
Waldir Pereira

Dunga
Carlos Caetano Bledorn Verri

Explicação Carlos era um menino tão pequeno que o tio Cláudio se lembrou de o chamar assim, em referência a um dos sete anões, acreditando que o rapaz não iria crescer muito mais.

Edinho
Edino Nazareth Filho

Garrincha
Manoel Francisco dos Santos

Explicação Tem origem numa espécie de pássaro, muito comum na região serrana, que Manoel gostava de caçar com o seu bodoque quando era criança...

Kaká
Ricardo Izecson Santos Leite

Explicação O autor do apelido foi Rodrigo Izecson dos Santos, irmão de Kaká e também ele jogador de futebol. Quando era pequeno não conseguia pronunciar corretamente o nome "Ricardo", o mais aproximado foi "Kaká".

Lúcio
Lucimar da Silva Ferreira

Mazinho
Iomar do Nascimento

Explicação Este é um dos casos em que o apelido não tem nada a ver com o nome, ou talvez sim. Quando era jovem era chamado de Iomarzinho, e com o tempo convencionou-se simplificar para Mazinho.

O verdadeiro nome de...

Mazzola

José João Altafini

Explicação Pelas semelhanças físicas com o jogador italiano dos anos 40, Valentino Mazzola.

Müller

Luiz Antônio Corrêa da Costa

Oreco

Waldemar Rodrigues Martins

Pelé

Edson Arantes do Nascimento

Explicação João Nascimento – pai de Edson - jogava no São Lourenço, time mineiro. Pelé assistia aos jogos e ficava entusiasmado com as defesas goleiro da equipe.
Com apenas três anos de idade, uma das frases que mais repetia era: "Defende Bilé!". Entre os amigos, ficou conhecido como Bilé. Mas as crianças foram transformando a fonética de Bilé para... Pelé, e assim ficou.

Pepe

José Macia

Roberto Dinamite

Carlos Roberto de Oliveira

Explicação O autor do apelido foi o jornalista Aparício Pires, do Jornal dos Sports, logo no jogo de estréia do craque na equipe profissional do Vasco da Gama.
Aparício escreveu a manchete: "Garoto Dinamite Explodiu", para descrever o gol marcado frente ao Internacional, no Maracanã, através de um remate fulminante à entrada da área. Roberto tinha apenas 17 anos, e ficou Dinamite para toda a vida.

Robinho

Róbson de Souza

Toninho Cerezzo
António Carlos Cerezzo

Tostão
Eduardo Gonçalves de Andrade

Explicação Era o mais baixinho do grupo de crianças com quem costumava jogar, por isso ganhou o apelido em alusão à moeda brasileira, muito desvalorizada na época.

Vampeta
Marcos André Batista Santos

Explicação Perdeu a primeira dentição e ganhou o apelido de Vampiro; como não era uma criança bonita também o chamavam de Capeta; a mistura dos dois apelidos deu... Vampeta.

Vavá
Edvaldo Izídio Netto

Viola
Paulo Sérgio Rosa

Zico
Arthur Antunes Coimbra

Explicação O porte físico não era o seu forte e também por isso os familiares lhe chamavam, carinhosamente, Arthurzinho que, com o tempo virou Arthurzico e, mais tarde, apenas Zico.

Zinho
Crizan César de Oliveira Filho

Zito
José Ely Miranda

Zizinho
Thomaz Soares da Silva

A saga dos apelidos em 1958

Na Copa de 1958, na Suécia, nove dos 22 jogadores brasileiros eram conhecidos por apelidos. A imprensa sueca demorou a entender esta forma de tratamento e trocava, frequentemente, alguns nomes: Dida era Dido, Garrincha era Garincha ou Garincho, e por aí vai... A confusão foi de tal ordem que antes da estréia, frente à Áustria, um colunista do jornal sueco Aftonbladet resolveu brincar com o tema:

"Treino do Brasil no Rimnervallen. Um repórter pergunta a outro:

– Tem a escalação do Brasil?.

– Sim, tenho. Dudu é o goleiro. Dada e Dadu, os zagueiros. No meio estão Dodô, Dudi e Duda. E na frente, Didi, Dida, Dadi, Deda e Dade.

– Tem certeza de que isso está certo?

– Sim, eu falei com o treinador.

– Ah... É que eu pensei que o Dedu estaria no time".

Dos jogadores referidos, apenas Didi e Dida eram reais. Havia um nome que os suecos não tinham dificuldade em pronunciar: Pelé. Pelle, na Suécia, é um nome comum e pronuncia-se da mesma forma. Assim, o craque passou a ser chamado de "Svarta Pelle", ou seja, "Pelle Negro".

A convulsão francesa

Os jogadores descansavam nos quartos para enfrentarem a final da Copa do Mundo de 1998. O Brasil já via o penta mas os franceses jogavam com o fator casa para derrubar o favoritismo. Ronaldo divide o quarto e o nervosismo com Roberto Carlos na concentração brasileira. Subitamente, o lateral deteta que algo não está bem com o companheiro. Parece uma convulsão. Roberto Carlos corre em busca de ajuda, outros jogadores juntam-se no auxílio. Ronaldo melhora, mas continua muito pálido. Os médicos entendem ser mais prudente levá-lo para o hospital. A bateria de exames não denuncia nada de grave. Ronaldo regressa à concentração e, com o aval clínico, é escalado por Zagallo. Os médicos voltam a conversar com Ronaldo no vestiário, antes da partida. O atacante garante estar bem e joga... mal, como toda a equipe. O Brasil perdeu pela segunda vez a final de uma Copa do Mundo (3 x 0).

Campeão da Copa América **Bolívia 1997**

Fase de Grupos

GRUPO C

EQUIPE	PART.	V	E	D	GM-GS	PONT.
Brasil	3	3	0	0	10-2	9
México	3	1	1	1	5-5	4
Colômbia	3	1	0	2	5-5	3
Costa Rica	3	0	1	2	2-10	1

Convocados:

1 – Taffarel	12 – Carlos Germano	**Artilheiros:**
2 – Cafu	13 – Djalminha	5 gols – Ronaldo
3 – Aldair	14 – Zé Maria	4 gols – Romário
4 – Márcio Santos	15 – Célio Silva	3 gols – Leonardo
5 – Mauro Silva	16 – Gonçalves	2 gols – Djalminha e
6 – Roberto Carlos	17 – Zé Roberto	Denilson
7 – Giovanni	18 – César Sampaio	1 gol – Aldair,
8 – Dunga	19 – Flávio Conceição	Edmundo,
9 – Ronaldo	20 – Denílson	Flávio Conceição,
10 – Leonardo	21 – Edmundo	Zé Roberto e
11 – Romário	22 – Paulo Nunes	González (contra)

QUARTAS-DE-FINAL		TECNICO
22 junho	Brasil 2 x 0 Paraguai	Mário Zagallo

SEMI-FINAIS	
26 junho	Perú 0 x 7 Brasil

FINAL		CAMPEAO
29 junho	Bolívia 1 x 3 Brasil	Brasil

Comemoração emblemática

Ficou célebre a forma como Bellini, capitão da Seleção Brasileira, comemorou a vitória na Copa do Mundo de 1958. Ao receber a taça Jules Rimet, o zagueiro ergueu bem alto o troféu sobre a cabeça. Foi o primeiro capitão a popularizar o gesto numa Copa do Mundo. Mas a verdade é que Bellini fê-lo mais por necessidade do que por premeditação. A multidão de fotógrafos que rodeava o capitão não deixava os profissionais brasileiros – mais baixos que os restantes – obterem o melhor ângulo para as fotos. Foi nessa altura que os fotógrafos brasileiros gritaram, "levanta! levanta!", e Bellini ergueu a taça acima da cabeça, facilitando assim o trabalho dos profissionais brasileiros.

Hall da Fama **Bebeto**

Bebeto não foi feliz na estréia com a camisa amarela. Não só não marcou como ainda perdeu a partida frente ao Peru (0 x 1), num amistoso realizado no Estádio Mané Garrincha, em Brasília. Bebeto fez tripla atacante com Careca e Éder, mas não chegou para garantir o triunfo. No entanto, nos 12 anos seguintes, deu muito mais alegrias do que tristezas ao serviço da canarinha.

JOGOS	VITORIAS	EMPATES	DERROTAS	GOLS
81	54	17	10	43

TITULOS	ANO
Torneio Pré-Olímpico	1987
Torneio Bicentenário da Austrália	1988
Medalha de Prata dos Jogos Olímpicos	1988
Copa América	1989
Copa Amizade	1992
Copa do Mundo	1994
Medalha de Bronze dos Jogos Olímpicos	1996
Copa das Confederações da FIFA	1997

Brasileirismos

"Antes de falar do Pelé, Maradona precisa pedir autorização para o Zico, o Sócrates, o Romário, o Tostão, o Rivellino"

Pelé

A canarinha de vermelho... e de azul

Um dia, a Seleção Brasileira jogou de vermelho, e depois de azul. Aconteceu durante o Campeonato Sul-Americano de 1937, na Argentina. No jogo da primeira rodada, contra a seleção peruana, ambas as equipes usavam camisa branca. Competia ao Brasil fazer a troca, mas a comitiva tinha na bagagem apenas o seu uniforme principal, as camisas brancas. A alternativa foi atuar com o equipamento vermelho emprestado pelo C. A. Independiente. Na partida seguinte, a situação repetiu-se perante a seleção chilena, que também equipava de branco. Desta vez o Brasil jogou com as camisas azuis emprestadas pelo C. A. Boca Juniors.

Por onde anda... Tostão

O genial craque da Copa de 1970, no México, continua a "jogar" de forma irrepreensível fora do campo. Tostão é frequentemente requisitado pelos mais variados tipos de mídias, devido à inteligência e coerência na análise das partidas. Foi obrigado a retirar-se com apenas 27 anos, com um problema na vista esquerda mas, mais uma vez de forma inteligente, encontrou uma saída profissional: formou-se em Medicina e passou a exercer a profissão.

⚽

Capitães das Copas

COPA	CAPITÃO
1930	Preguinho
1934	Martim Silveira
1938	Martim Silveira e Leônidas da Silva
1950	Augusto
1954	Bauer
1958	Bellini
1962	Mauro
1966	Bellini e Orlando Peçanha
1970	Carlos Alberto Torres
1974	Piazza, Luis Pereira e Marinho Peres
1978	Leão e Rivellino
1982	Sócrates
1986	Edinho
1990	Ricardo Gomes e Jorginho
1994	Raí, Jorginho e Dunga
1998	Dunga
2002	Cafu
2006	Cafu e Dida

⚽

100% Vitoriosos na Taça Atlântico

A Seleção Brasileira tem 100% de aproveitamento na Taça Atlântico, uma competição que reunia as três melhores representações da América do Sul, no século passado: Brasil, Argentina e Uruguai. O Paraguai passou a participar como convidado a partir da II edição. A Taça Atlântico teve apenas três edições – 1956, 1960 e 1976 – todas ganhas pelo Brasil. Zico é o artilheiro brasileiro do torneio com quatro gols.

Samba no pé "Prá frente, Brasil"

Será, por ventura, a música mais marcante de todas as que foram feitas em homenagem à Selecção Brasileira. "Prá frente, Brasil", foi composta por Miguel Gustavo e "empurrou" a torcida para o tricampeonato conquistado em 1970, no México. Expressões como "corrente prá frente", "todos juntos", "prá frente Brasil", marcaram também as letras de outras músicas do gênero que se seguiram.

Noventa milhões em ação,
Prá frente Brasil,
Do meu coração...
Todos juntos vamos,
Prá frente Brasil,
Salve a Seleção!

De repente
É aquela corrente prá frente,
Parece que todo o Brasil deu a mão...
Todos ligados na mesma emoção...
Tudo é um só coração!

Todos juntos vamos,
Prá frente Brasil!
Brasil!
Salve a Seleção!!!

Composição: Miguel Gustavo

A Copa América da molecada

Carlos Alberto Parreira era o técnico da Seleção e decidiu fazer da Copa América de 2004 uma espécie de laboratório para avaliar alguns jogadores revelação com poucas chances na equipe principal. Júlio César, Juan, Gustavo Nery ou Adriano eram alguns dos visados. O plano resultou. As jovens promessas só perderam uma partida – frente ao Paraguai – e venceram na final a Argentina que, além dos principais jogadores, também levou para o torneio muita arrogância. No jogo da decisão, realizado no Estádio Nacional, em Lima (Peru), o resultado foi um empate, 2 x 2, mas exigiu muito suor do lado canarinho: o Brasil perdia por 2 x 1 até aos 93 minutos quando Adriano, aproveitando uma sobra na grande área, empatou e levou o jogo para os pênaltis. Aí valeu a descontração dos mais jovens que não acusaram o peso da responsabilidade e trouxeram a sétima Copa América para o Brasil.

Times históricos

Vencedor da Copa do Mundo 1958 – 29 junho 1958

BRASIL	5 X 2	SUÉCIA

Técnico: Vicente Feola

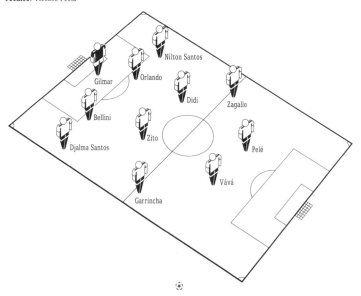

Donos do Banco **Ademar Pimenta**

JOGOS	VITÓRIAS	EMPATES	DERROTAS
17	10	2	5

PRIMEIRO "ONZE"

Rey (Vasco da Gama)
Jaú (Corinthians)
Carnera (Palestra Itália)
Tunga (Palestra Itália)
Brandão (Corinthians)
Afonsinho (São Cristóvão)
Roberto (São Cristóvão)
Bahia (Madureira)
Niginho (Palestra Itália)
Tim (Portuguesa Santista)
Patesko (Botafogo)

Ademar Pimenta foi o primeiro técnico na história do futebol brasileiro a poder convocar jogadores paulistas para a Seleção. O técnico carioca conseguiu assim condições para realizar um bom Sul-Americano (Argentina - 1937) e alcançar um honroso 3º lugar na Copa do Mundo de 1938, na França. Foi justamente para o Sul-Americano que Ademar Pimenta escalou o primeiro "onze", frente ao Peru, a 27 de dezembro de 1936, com vitória por 3 x 2:

Agricultura F. C.

Alguns jogadores com nomes ou apelidos relacionados com a agricultura que já vestiram a camisa da Seleção Brasileira:

JOGADOR	ANO
Agrícola	1932
Batatais	1938
Caju	1942
Campos	1975
Carreiro	1937
Edu Manga	1987
Lima	1963
Manga	1965
Nílton Batata	1979
Pinheiro	1952
Roberto Batata	1975

Primeiro juiz na Copa do Mundo

O primeiro juiz brasileiro a participar numa Copa do Mundo foi Gilberto de Almeida Rego, em 1930. Apitou três partidas:

	JOGOS	
Argentina	1 x 0	França
Uruguai	4 x 0	Romênia
Uruguai	6 x 1	Iugoslávia

Primeiro brasileiro campeão do mundo

Filó foi o primeiro jogador brasileiro vencedor da Copa do Mundo, em 1934. Estranho? Então siga a história: o atleta paulista ainda chegou a alinhar pela Seleção Brasileira (quatro jogos oficiais), mas falhou a presença na Copa de 1930 devido a desentendimentos entre as ligas carioca e paulista. Em 1931 Filó foi para Itália jogar na Làzio e adaptou o nome original: Amphilóquio Guarisi para Anfilogino Guarisi. Mais tarde ganhou passaporte transalpino, por ser filho de uma italiana, e foi convocado pela Squadra Azzurra para a Copa do Mundo de 1934. Filó foi titular no primeiro jogo do torneio, frente aos Estados Unidos (7 x 1), e sagrou-se assim campeão do mundo.

Taras e manias Arthur Friedenreich

Friedenreich, a primeira grande estrela do futebol brasileiro (anos 10 e 20), nunca explicou porquê, mas cada vez que representava o Brasil, o craque tinha por hábito usar uma camisa do Flamengo por baixo da camisa branca da Seleção. Friedenreich dizia apenas, em tom de brincadeira, que gostava da combinação de vermelho com o preto.

A vitrine norte-americana

O país em que a Seleção Brasileira se apresentou em mais cidades foi os EUA, curiosamente um território onde o futebol está longe de ser o esporte mais popular. Ao todo foram 13 as cidades norte-americanas que tiveram o privilégio de ver ao vivo o escrete canarinho. Foi justamente nos EUA que o Brasil alcançou uma das proezas da história: campeão do mundo, em 1994. Este é o currículo da Seleção Brasileira na terra do Tio Sam:

	CIDADE	JOGOS
1º	Los Angeles	8
2º	San Francisco	4
3º	Washington	3
	Miami	3
5º	Boston	2
	New Haven	2
	Pasadena	2
	Seattle	2
9º	Chicago	1
	Dallas	1
	Detroit	1
	Fresno	1
	San Diego	1

Primeiros "estrangeiros" na Copa do Mundo

Na história dos mundiais, a Seleção Brasileira apenas começou a contar com jogadores que atuavam no exterior para a Copa do Mundo de 1982. Até essa data as convocatórias para Copas do Mundo tinham apenas jogadores cedidos por emblemas brasileiros. Os primeiros representantes de clubes estrangeiros vieram da Itália e Espanha: Falcão (Roma) e Dirceu (Atlético de Madrid).

Samba no pé "Coração verde-amarelo"

A música foi criada para a Copa de 1994. Tavito e Aldir Blanc compuseram o tema, interpretado pela Aerobanda, cujo sucesso foi potencializado com a conquista nos Estados Unidos. Mas este sucesso havia de prolongar-se por muitos e muitos anos porque a Rede Globo decidiu adotar a música e transformá-la numa espécie de "jingle" do futebol da emissora, em Copas ou fora delas.

Na torcida são milhões de treinadores
Cada um já escalou a seleção
O verde o amarelo são as cores
Que a gente grita no coração

A torcida vibra canta e se agita e grita
o Brasil é campeão
No toque de bola pra nossa escola
nossa maior tradição

Eu sei que vou
Vou do jeito que eu sei
De gol em gol
Com direito a replay

Eu sei que vou
Com o coração batendo a mil
E a taça na raça
Brasil

Composição: Tavito e Aldir Blanc

⚽

Dois anos e meio sem escrete

De 25 de dezembro de 1925 até 24 de junho de 1928, a Seleção Brasileira não fez qualquer jogo, naquele que foi o maior período de sempre sem competir. Após o 2º lugar no Campeonato Sul-Americano de 1925, que culminou com um empate frente à Argentina, as autoridades brasileiras decidiram que o melhor era a Seleção não participar em mais nenhum Sul-Americano. A verdade é que o Brasil só voltaria à competição mais importante da América do Sul em 1937. Em junho de 1928, o Brasil foi convidado para um amistoso com os escoceses do Motherwell (5 x 0). Seria um dos cinco amistosos que a Seleção jogaria em quatro anos e meio porque, às competições oficiais, o escrete só voltaria a 14 de julho de 1930, para o 1º jogo da I Copa do Mundo, no Uruguai.

Hall da Fama **Bellini**

Bellini não precisou fazer muitos jogos pela Seleção Brasileira para alcançar um dos melhores currículos da história, onde constam duas Copas do Mundo. Em 1957, no dia 13 de abril, o técnico Oswaldo Brandão chamou-o à titularidade numa partida para as eliminatórias da Copa do Mundo de 1958, em Lima frente ao Peru, que acabou empatada 1 x 1. Um ano e dois meses mais tarde Bellini era o capitão da Seleção na primeira Copa que o Brasil haveria de vencer.

JOGOS	VITÓRIAS	EMPATES	DERROTAS	GOLS
58	43	11	4	-

TÍTULOS	ANO
Copa Roca	1957 e 1960
Copa do Mundo	1958 e 1962
Taça Oswaldo Cruz	1958, 1961 e 1962
Taça Bernardo O'Higgins	1959
Taça do Atlântico	1960

A primeira Rio Branco

A I edição da Copa Rio Branco, que opunha as seleções de Brasil e Uruguai, disputou-se em 1931, apenas um ano após a I Copa do Mundo. O fato gerou enorme expectativa para conferir se o Brasil tinha ou não capacidade para bater o campeão do mundo em título e bicampeão olímpico. A Seleção Brasileira não deu chance e venceu, no Estádio das Laranjeiras, o Uruguai 2 x 0. Nilo Murtinho Braga foi o autor dos dois gols. Domingos da Guia, um dos maiores zagueiros da história do futebol mundial, fez a sua estréia com apenas 18 anos.

Taras e manias **1962 igual a 1958**

Após a conquista da primeira Copa do Mundo em 1958, o então presidente da CBD (atual CBF), João Havelange, deu ordens expressas para que, na Copa de 1962, fossem repetidos todos os passos da vitoriosa campanha anterior. A comissão técnica foi a mesma, à exceção do técnico Vicente Feola (doente) substituído por Aymoré Moreira; os jogadores foram praticamente os mesmos; e até o chefe da delegação, Paulo Machado de Carvalho, tirou do armário o mesmo terno marron que havia usado durante toda a Copa de 1958.

Os pentas fluminenses

O Fluminense tem seis jogadores entre os que conquistaram as cinco Copas do Mundo para o Brasil. Eis os nomes dos heróis:

JOGADOR	COPA
Jair Marinho	1962
Altair	1962
Castilho	1958 e 1962
Félix	1970
Marco Antônio	1970
Branco	1994

Único tetra da Seleção

Mário Jorge Lobo Zagallo é o único cidadão do planeta a ganhar a Copa do Mundo quatro vezes. Zagallo conquistou dois torneios como jogador (1958 e 1962), um como técnico (1970) e outro como supervisor (1994).

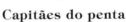

Capitães do penta

COPA	CAPITÃO
1958	Bellini
1962	Mauro
1970	Carlos Alberto Torres
1994	Dunga
2002	Cafu

"Nascido para jogar futebol"

"Nascido para jogar futebol" era a inscrição que constava nas camisas que a Seleção Brasileira utilizou na Copa do Mundo de 2006. Desenhado pelo britânico Peter Hudson, o uniforme tinha gola estilo "mandarim", mangas com ondulações verdes semelhantes ao desenho do calçadão da avenida Atlântica, no Rio de Janeiro, e o escudo em alto-relevo (encimado por cinco estrelas, representando os cinco títulos mundiais). Foi a camisa mais condizente com os aspectos culturais do país, em toda a história do escrete.

A despedida de Pelé

No dia 18 de julho de 1971, Pelé disse adeus à Seleção Brasileira no mesmo estádio onde havia acontecido a estréia, Maracanã, perante 138 575 espectadores. A multidão gritou em coro um arrepiante "Fica! Fica! Fica!" que perdura na memória de todos os que assistiram como um dos momentos mais emocionantes na história do futebol brasileiro. O escrete empatou, 2 x 2, com a Iugoslávia, Pelé não marcou e foi substituído pouco antes do final da partida, para o aplauso geral, por Claudiomiro.

Maiores artilheiros contra clubes e/ou combinados

	JOGADOR	GOLS
1º	Pelé	18
	Zico	18
3º	Leônidas da Silva	17
	Rivellino	17
	Waldemar de Britto	17
6º	Armandinho	14
7º	Carvalho Leite	12
8º	Jairzinho	8
9º	Attila	7
	Paulo César	7

Brasil contra Argentina e polícia

Em 1937 a Seleção Brasileira chegou à final do Campeonato Sul-Americano. Após vencer todos as partidas, bastava-lhe um empate frente aos donos da casa, a Argentina. Mas a vitória dos albicelestes, 1 x 0, obrigou a jogo extra dois dias mais tarde. Essa decisão acabou empatada, sem gols, no final do tempo normal. Os jogadores brasileiros tentaram voltar aos vestiários mas esbarraram nas portas trancadas. A primeira prorrogação não registrou mudanças no placar. Durante o intervalo os argentinos puseram em marcha todos os recursos disponíveis: a torcida elevou o tom dos insultos aos jogadores brasileiros que foram acuados pela polícia num canto do campo. Jaú foi mesmo agredido por uma bastonada e disputou a segunda prorrogação lavado em sangue. O Brasil não aguentou a pressão e perdeu, 2 x 0.

Primeiro juiz brasileiro finalista

Arnaldo César Coelho foi o primeiro árbitro brasileiro a dirigir a final de uma Copa do Mundo. No dia 11 de julho de 1982, o juiz carioca entrou no Estádio Santiago Bernabéu para arbitrar a partida entre Itália e a Republica Federal Alemã. O jogo terminou com uma vitória dos transalpinos, 3 x 1. Auxiliado por Abraham Klein (Israel) e Vojtech Cristov (Tchecolováquia), Arnaldo César Coelho mostrou por cinco vezes o cartão amarelo (duas aos italianos e três aos alemães).

Brasileirísmos

"Joguei 14 partidas em Copas do Mundo com a camisa 10 do Brasil, uma camisa que tantos jogadores gloriosos vestiram"

Rivaldo Ex-jogador da Seleção Brasileira

Donos do Banco Aymoré Moreira

JOGOS	VITÓRIAS	EMPATES	DERROTAS
67	41	9	17

Aymoré Moreira foi o técnico do bicampeonato do mundo, conquistado no Chile, em 1962. O carioca substituiu Vicente Feola que adoeceu nas vésperas do torneio acometido de nefrite aguda e problemas cardíacos crônicos. A Copa de 1962 é a marca mais visível no currículo de Aymoré, mas o que muitos não sabem é que o técnico já tinha comandado a Seleção Brasileira nove anos antes. A estréia aconteceu a 1 de março de 1953, no Estádio Nacional, em Lima (Peru), frente à Bolívia. A partida representava o pontapé de saída para o Sul-Americano e o Brasil não podia começar melhor, com uma goleada, 8 x 1.

PRIMEIRO "ONZE"

Castilho (Fluminense)
Djalma Santos (Portuguesa de Desportos)
Nílton Santos (Botafogo)
Bauer (São Paulo)
Pinheiro (Fluminense)
Danilo Alvim (Vasco da Gama)
Julinho (Portuguesa de Desportos)
Zizinho (Flamengo)
Ipojucan (Vasco da Gama)
Pinga (Portuguesa de Desportos)
Rodrigues (Palmeiras)

TÍTULOS	ANO
Taça Bernardo O'Higgins	1961
Taça Oswaldo Cruz	1961 e 1962
Copa do Mundo	1962
Copa Rio Branco	1967

Samba no pé "A Festa"

"A festa" de Ivete Sangalo, não foi composta para a Seleção Brasileira nem para nenhuma Copa do Mundo, mas acabou se tornando na principal banda sonora nas comemorações do pentacampeonato, juntamente com "Deixa a vida me levar" de Zeca Pagodinho. Em 2002 (Coreía e Japão), ao contrário de outras Copas, os jogadores esqueceram todos os *hits* de homenagem e adotaram o tema da cantora baiana. O mais curioso é que esse ano até foi fértil em músicas originais, como provou o CD "Rumo ao Penta", com canções de Elba Ramalho, Evandro Mesquita, Só pra Contrariar ou Neguinho da Beija-Flor.

Hoje tem
Festa no gueto
Pode vir, pode chegar
Misturando o mundo inteiro
Vamo vê no que é que dá...

Tem gente de toda cor
Tem raça de toda fé
Guitarras de rock'n roll
Batuque de candomblé
Vai lá, prá ver...

A tribo se balançar
E o chão da terra tremer
Mãe Preta de lá mandou chamar
Avisou! Avisou! Avisou! Avisou!...

Que vai rolar a festa
Vai rolar!
O povo do gueto
Mandou avisar...

Composição: Anderson Cunha

Por onde anda... Taffarel

Desde que abandonou a rotina de jogador, o herói do tetra fixou residência em Porto Alegre onde vive com a mulher Andréa e os filhos Catherine e Cláudio André. Divide o tempo entre a capital gaúcha e a cidade italiana de Parma, onde jogou oito anos e onde mantém casa, carros e caseiro. Atualmente é empresário de jogadores e tem escritório montado em Porto Alegre.

Homenageados na Calçada da Fama do Maracanã

- Ademir da Guia
- Ademir Menezes
- Adílio
- Alex Kamianecky
- Almir Pernambuquinho (Almir Moraes de Albuquerque)
- Altair Gomes Figueiredo
- Amarildo
- Antonio Rondinelli Tobias
- Assis
- Barbosa
- Bebeto
- Bellini
- Branco
- Brito
- Carlos Alberto Torres
- Carpegiani
- Castilho
- Cláudio Adão
- Coutinho
- Danilo Alvin
- Dario
- Dequinha
- Dida
- Didi
- Dirceu Lopes
- Djalma Santos
- Dunga
- Edinho
- Edmundo
- Edu Antunes
- Elias R. Figueroa Brander
- Eusébio
- Evaristo
- Falcão
- Félix
- Friaça
- Franz Beckenbauer
- Garrincha
- Gerson
- Geovani
- Ghiggia
- Gylmar
- Ipojucan
- Jair Rosa Pinto
- Jairzinho
- João Batista Pinheiro
- Joel Martins
- Jorge L. Andrade da Silva
- Jorginho
- Julinho
- Júnior
- Kaká
- Leandro
- Leão
- Luisinho Lemos
- Luís Pereira
- Manga
- Marta
- Marco Antônio Feliciano
- Marinho
- Marinho Chagas
- Mendonça - Milton da C. Mendonça
- Nilton Santos
- Orlando Peçanha
- Pampolini (Américo Pampolini)
- Paulo Borges
- Paulo Cezar Lima
- Paulo Henrique
- Pelé
- Pepe
- Petkovic
- Pinga
- Quarentinha
- Raul Plasmann
- Reinaldo
- Renato Gaúcho
- Rivellino
- Roberto Dinamite
- Roberto Miranda
- Romário
- Romerito
- Ronaldo Nazário
- Rubens Josué da Costa
- Samarone
- Sebastião Leônidas
- Silva Batuta (Walter Machado da Silva)
- Sócrates
- Telê Santana
- Tita
- Tostão
- Vavá
- Waldo
- Washington
- Zagallo
- Zico
- Zinho
- Zito
- Zizinho
- Zózimo

Único tricampeão do mundo

Pelé foi o único jogador a conquistar por três vezes a Copa do Mundo. O rei ganhou o título em 1958, 1962 e 1970.

Absolvição abençoada

A Seleção Brasileira já vencia tranquilamente por 4 x 2, quando Garrincha cometeu a imprudência de reagir às provocações de Eladio Rojas, já no final da partida entre o Brasil e o Chile, na semi-final da Copa do Mundo de 1962. O bandeirinha uruguaio Esteban Marino viu tudo, chamou o juiz peruano Arturo Yamasaki e dedurou Mané Garrincha. A expulsão comprometia a presença do craque na final do torneio frente à Tchecoslováquia, mas foi nesse momento que entrou em ação João Havelange. O então presidente da CBD (atual CBF), convenceu o bandeirinha a abandonar o país (Chile) antes do julgamento de Garrincha. Sem a única testemunha legal da agressão, a FIFA absolveu o jogador brasileiro. Garrincha se apresentou na final com 38 graus de febre, mas a sua presença foi suficiente para o treinador tcheco colocar sempre dois homens a vigiá-lo, enquanto Amarildo resolvia a partida.

Campeão da Copa América Brasil 1919

Fase de grupos

GRUPO						
EQUIPE	PART.	V	E	D	GM-GS	PONT.
Brasil	3	2	1	0	11-3	5
Uruguai	3	2	1	0	7-4	5
Argentina	3	1	0	2	7-7	2
Chile	3	0	0	3	1-12	0

Convocados:

Marcos de Mendonça
Dyonísio
Píndaro
Bianco
Palamone
Sérgio Pires
Laís
Amílcar
Picagli
Galo
Fortes

Martins
Luiz Menezes
Millon
Neco
Carregal
Friedenreich
Arlindo
Heitor
Haroldo
Arnaldo

Artilheiros:
4 gols – Friedenreich e Neco
1 gol – Haroldo, Heitor e Amílcar

GRANDE COMITÊ
Arnaldo Palusca da Silveira, Amílcar Barbury, Mário Pollo, Affonso de Castro e Ferreira Vianna Netto

	CAMPEÃO
29 maio	Brasil 1 x 0 (pro.) Uruguai	Brasil

"Greve" por Pelé

Ficou famoso um cartaz afixado na porta de um teatro na *Calle Independência* (Cidade do México), durante a Copa do Mundo de 1970: "Hoy no trabajamos, porque vamos a ver Pelé". Atores e funcionários do teatro manifestavam desta forma a maior homenagem ao melhor jogador do mundo que acabaria por ser decisivo na conquista do tricampeonato, nesse ano.

"Jogamos como nunca. Perdemos como sempre"

Na Copa América de 1997, disputada na Bolívia, a Seleção Brasileira foi responsável por uma frase que ficou para a história: "Jogamos como nunca. Perdemos como sempre", era a manchete de um jornal mexicano, revelando todo o inconformismo após a derrota por 3 x 2, frente ao Brasil. De fato, a seleção mexicana jogou muito nesse 16 de junho, tanto que chegou ao intervalo a vencer por 2 x 0. Mas a verdade é que o time comandado por Mário Zagallo estava disposto a quebrar um jejum histórico: a Seleção não vencia uma Copa América fora de casa desde 1916. Venceu em 1997. E no final, Zagallo também deixou uma frase que ficou célebre: "Vocês vão ter que me engolir".

A desforra 39 anos depois

O futebol tem destas ironias: no dia 16 de julho de 1989, o Brasil encontrou o Uruguai na final da Copa América. Ou seja, precisamente 39 anos depois da derrota na final da Copa do Mundo de 1950 (2 x 1). A Seleção Brasileira queria vingar o fracasso histórico e conseguiu. Romário, aos quatro minutos do segundo tempo, marcou o gol solitário da vitória no Estádio do Maracanã.

A festa do gol - Bebeto

Quando Bebeto fez o segundo gol da vitória (3 x 2) frente à Holanda, na Copa de 1994, o mundo emocionou-se com a comemoração: balançando os braços como se estivesse ninando uma criança, e acompanhado no gesto por Romário e Mazinho, Bebeto homenageava assim o filho Matheus, nascido dois dias antes. O Brasil se qualificou para as semi-finais mas a imagem mais forte daquela tarde, no Estádio Cotton Bowl, foi o ninar de Bebeto.

Preparação inédita

A preparação da Seleção Brasileira para a Copa do Mundo do México, em 1970, teve contornos inéditos. Enquanto os times europeus chegaram ao México pouco tempo antes do início do torneio, o Brasil viajou com três meses de antecedência. A necessidade de adaptação à altitude foi o principal fator de decisão, mas o fiasco que havia sido a participação na Copa de 1966 também ajudou à preparação mais caprichada. A verdade é que esta prudência foi determinante: o Brasil fez a diferença em campo, decidindo todos os jogos no segundo tempo, quando os respectivos adversários já tinham perdido o fôlego. Foram seis vitórias em seis jogos. O exemplo mais marcante aconteceu na final: a Seleção pegou a Itália que vinha de uma partida extenuante contra a Alemanha Ocidental, decidida apenas na prorrogação. Com o empate, 1 x 1, no final do primeiro tempo, o Brasil matou o jogo na segunda parte com três gols.

Times históricos

Vencedor da Copa do Mundo 1962 – 17 junho 1962

| BRASIL | 3 X 1 | TCHECOSLOVAQUIA |

Técnico: Aymore Moreira

A gripe que adiou o Sul-Americano

O Campeonato Sul-Americano de 1919, na verdade, estava marcado para 1918, no Rio de Janeiro. Mas uma devastadora epidemia de gripe espanhola obrigou ao adiamento da competição. Milhares de pessoas morreram no Brasil e cerca de 40 milhões em todo o Mundo. Escolas e comércio foram fechados para evitar males maiores. Relatos da época contam que os caminhões da Saúde Pública percorriam as ruas da cidade recolhendo corpos deixados às portas das casas. Em 1919, o torneio se realizou sem qualquer percalço, com uma organização perfeita e com a vitória do Brasil.

Hall da Fama Cafu

O capitão do penta estreou 16 anos antes desse título histórico conquistado na Alemanha. No dia 12 de setembro de 1990, em um amistoso frente à Espanha, o então meio de campo do São Paulo foi escalado no time titular pelo técnico Paulo Roberto Falcão. Não foi uma estréia feliz já que a Seleção Brasileira perdeu de 3 x 0. Mas depois desse momento, Cafu iniciou um percurso que o colocou no topo da lista de jogadores que vestiram mais vezes a camisa canarinha.

JOGOS	VITORIAS	EMPATES	DERROTAS	GOLS
149	91	38	20	5

TITULOS	ANO
Copa da Amizade	1992
Copa do Mundo	1994 e 2002
Copa América	1997 e 1999
Copa das Confederações da FIFA	1997

Maior goleada

A maior goleada aplicada pelo Brasil, ao longo da história, aconteceu frente à Nicarágua, nos Jogos Pan-Americanos disputados na Cidade do México, a 17 de outubro de 1975. A Seleção venceu 14 x 0. A equipe era composta por promessas, mais tarde consagrados, casos do goleiro Carlos ou do zagueiro Edinho. A história do resultado, no Estádio Azteca, foi feita por Luis Alberto (4), Santos (2), Rosemiro (1), Erivelto (1), Eudes (1), Chico Fraga (1), Batista (2) e Marcelo (2).

Castilho e Leão em Copas

Castilho e Leão são os goleiros brasileiros com mais presenças em Copas do Mundo, quatro cada um. Leão podia ser líder isolado desta tabela caso Telê Santana o tivesse convocado para a Copa de 1982, o torneio que representa um "buraco" na carreira do goleiro paulista:

	GOLEIRO	COPAS	ANO
1º	Leão	4	1970, 1974, 1978 e 1986
	Castilho	4	1950, 1954, 1958 e 1962
3º	Gilmar	3	1958, 1962 e 1966
	Valdir Peres	3	1974, 1978 e 1982
	Carlos	3	1978, 1982 e 1986
	Taffarel	3	1990, 1994 e 1998

O criador da camisa amarela

Em 1953, Aldyr Schlee foi um dos 201 participantes num concurso promovido pelo jornal carioca Correio da Manhã para a escolha do novo uniforme da Seleção. Até então o Brasil usava camisa, calção e meião brancos, com barras azuis no punho e na gola. A única exigência do concurso era que os desenhos tinham de ter as quatro cores da bandeira nacional. O trabalho do desenhista e caricaturista Aldyr Schlee, então com 18 anos de idade, saiu vencedor: camisa amarela com detalhes em verde, calção azul e meião branco. Nascia a Seleção canarinha. O vencedor ganhou 20 mil cruzeiros de prêmio e um estágio no Correio da Manhã. O mais curioso é que hoje Aldyr Schlee – desenhista e escritor gaúcho – torce pela seleção... uruguaia. Explicação: nasceu em Jaguarão (RS) - a 200 m do Uruguai e 600 km de Porto Alegre – e, na infância, teve mais contato com o futebol platino.

A madrinha da Seleção

Alzira Vargas, filha mais nova do presidente Getúlio Vargas, foi a madrinha da Seleção Brasileira que disputou a Copa do Mundo de 1938, na França. Alzira viajou com a comitiva, no navio "Arlanza", e foi uma espécie de extensão do apoio incondicional que Getúlio concedeu ao escrete. O chamado "pai dos pobres" atribuiu uma alta subvenção à delegação brasileira, para despesas no torneio, porque, como fez questão de deixar claro no dia da partida, o título teria uma grande importância para o futuro da Nação.

A mega Seleção

A preparação para a Copa do Mundo de 1966 foi tudo menos pacífica. Pressionado por dirigentes e clubes, o técnico Vicente Feola acabou pré-convocando 44 jogadores, de modo a satisfazer todos os que desejavam ver representantes seus na Seleção. Formaram-se quatro equipes – branca, verde, azul e grená – e decidiu-se que os cortes seriam efetuadas apenas um mês antes do embarque para a Copa. Para escolher os 25 eleitos foram realizados 11 amistosos em apenas um mês e meio. No dia 8 de junho, por exemplo, a Seleção jogou duas vezes no Maracanã, com dois times diferentes, utilizando 23 jogadores. Por isso o escrete chegou cansado e mal entrosado na Copa da Inglaterra, alcançando um dos piores lugares de sempre, 11°.

Adversários mais frequentes em Copas do Mundo

	SELEÇÃO	JOGOS
1°	Suécia	7
2°	Espanha	5
	Itália	5
	Tchecoslováquia	5
5°	Argentina	4
	Escócia	4
	França	4
	Inglaterra	4
	Iugoslávia	4
	Polônia	4

Único técnico estrangeiro

O argentino Filpo Nuñez, foi o único técnico estrangeiro a dirigir a Seleção Brasileira na era profissional. A 7 de setembro de 1965, no Estádio Magalhães Pinto, um combinado do Palmeiras – representando a Seleção canarinha – venceu o Uruguai por 3 x 0. Na altura, a CBD (atual CBF) teve dificuldades em montar uma equipe para o amistoso que marcaria a inauguração do Mineirão. A entidade resolveu não correr riscos e pediu ao Palmeiras que vestisse o uniforme da Seleção e representasse o país com o seu famoso time batizado de "Academia de Futebol". O Verdão, muito bem entrosado, fez uma extraordinária exibição e Nelson Ernesto Filpo Nuñez entrou para a história do futebol brasileiro.

Chuteiras em exposição

Friedenreich foi o grande herói do primeiro título continental conquistado pela Seleção Brasileira. Na final do Campeonato Sul-Americano de 1919, frente ao Uruguai, o centroavante marcou o gol da vitória desbloqueando o empate (0 x 0) levado até à prorrogação. Friedenreich foi transformado em herói brasileiro e as suas chuteiras estiveram em exposição numa loja na Rua do Ouvidor (Rio de Janeiro). No entanto, após o jogo, o atleta preferiu a humildade: "o gol foi do Neco, que fez uma jogada belíssima. Eu apenas tive o trabalho de chutá-la. Nada mais."

Hall da Fama Taffarel

O Torneio Bicentenário da Austrália, em 1988, foi início de uma década inteira em que Taffarel defendeu, quase em exclusivo, o gol do Brasil. A história começou a 7 de julho, no Olympic Park, em Melbourne. Taffarel não sofreu gols e o Brasil venceu, 1 x 0, a Austrália. O técnico Carlos Alberto da Silva foi quem tirou a titularidade a Gilmar e entregou a Taffarel.

JOGOS	VITORIAS	EMPATES	DERROTAS	GOLS
108	64	31	13	72

TÍTULOS	ANO
Medalha de Ouro nos Jogos Pan-Americanos	1987
Medalha de Pratas nos Jogos Olímpicos	1988
Torneio Bicentenário da Austrália	1988
Copa do Mundo	1994
Copa América	1989 e 1997

Taras e manias O "7" de Felipão

Em 2002, na Copa da Coreia/Japão, o "7" foi eleito número da sorte por Luiz Felipe Scolari. O técnico entregou a camisa 7 e a braçadeira de capitão ao volante Emerson, explicando: "Gosto muito do número 7, ele me dá sorte. Aliás, gosto de todos os números que terminam em 7". Por isso atribuiu o número 17 a Denílson. Estranha decisão se pensarmos que o então craque do Bétis não era titular na seleção de 2002. Mas Felipão explicou: "Dei o 17 ao Denílson pela sua capacidade de mudar um jogo quando entra em campo".

O histórico "Corte Cascão"

Ronaldo foi autor do corte de cabelo mais inusitado de sempre na história brasileira em Copas do Mundo: o "Corte Cascão", ao estilo do personagem criado por Maurício de Souza para as histórias em quadrinhos. Foi na Copa do Mundo de 2002, nas vésperas da semi-final, frente à Turquia. O atacante apareceu com a cabeça raspada, deixando apenas uma meia-lua de cabelo na zona frontal, por cima da testa. Sete anos mais tarde, o jornal britânico The Sun elegeu aquele penteado como o pior de sempre na história do futebol. A publicação justificou que Ronaldo estragou todas as fotos de comemoração do penta com o "Corte Cascão".

Brasileirismos

"É tetra! É tetra!"

Dunga Capitão da Seleção Brasileira ao erguer a Taça FIFA, na final do Mundial de 1994

Invictos contra seleções regionais brasileiras

O Brasil defrontou até hoje 13 seleções regionais brasileiras, num total de 19 jogos, e nunca perdeu nenhuma dessas partidas. O saldo é largamente positivo, com apenas três empates.

TIME	JOGOS	VITÓRIAS	EMPATES	DERROTAS	GP-GC
Seleção Brasileira de Novos	1	1	0	0	7-1
Seleção da Bahia	2	1	1	0	3-2
Seleção de Brasília	1	1	0	0	1-0
Seleção de Goiás	1	1	0	0	3-1
Seleção de Minas Gerais	2	2	0	0	7-1
Seleção de Pernambuco	4	3	1	0	13-4
Seleção de Novos de São Paulo	1	1	0	0	4-3
Seleção de São Paulo	2	1	1	0	3-1
Seleção de Sergipe	1	1	0	0	8-2
Seleção do Amazonas	1	1	0	0	4-1
Seleção do Interior do Rio de Janeiro	1	1	0	0	7-0
Seleção do Paraná	1	1	0	0	1-0
Seleção do Rio de Janeiro	1	1	0	0	4-2
Total	19	16	3	0	65-18

29 de junho: o dia mágico

29 de junho é uma data especialmente feliz para o futebol brasileiro. Neste dia, o Brasil venceu dois dos títulos mais importantes do seu currículo: Copa do Mundo (1958) e Copa América (1997). A Copa do Mundo - primeira conquistada pelo Brasil - foi ganha na Suécia, frente ao anfitrião (2 x 5); a Copa América foi conquistada diante da Bolívia, também a seleção anfitriã (1 x 3).

Brasileirísmos

"O futebol brasileiro é uma coisa jogada com música"

João Saldanha Jornalista e técnico da Seleção Brasileira em 1970

Vitórias brasileiras por Copa do Mundo

	COPA	VITÓRIAS
1º	2002	7
2º	1970	6
3º	1958	5
	1962	5
	1994	5
6º	1950	4
	1978	4
	1982	4
	1986	4
	1998	4

40 anos de espera

A Seleção Brasileira teve que esperar 40 anos para voltar à elite do futebol sul-americano. Após conquistar o título em 1949, só voltaria a repetir o êxito em 1989, também no Brasil. A 16 de julho, a canarinha defrontou o Uruguai no jogo decisivo, e venceu com gol de Romário marcado aos quatro minutos do segundo tempo. Olhando para os representantes canarinhos, difícil seria não ganhar: Taffarel, Ricardo Gomes, Aldair, Branco, Mazinho, Silas, Dunga, Valdo, Bebeto, Romário, entre outros.

Hino Nacional do Brasil

Parte I

Ouviram do Ipiranga as margens plácidas
De um povo heróico o brado retumbante,
E o sol da liberdade, em raios fúlgidos,
Brilhou no céu da pátria nesse instante.
Se o penhor dessa igualdade
Conseguimos conquistar com braço forte,
Em teu seio, ó liberdade,
Desafia o nosso peito a própria morte!
Ó Pátria amada,
Idolatrada,
Salve! Salve!

Brasil, um sonho intenso, um raio vívido
De amor e de esperança à terra desce,
Se em teu formoso céu, risonho e límpido,
A imagem do Cruzeiro resplandece.
Gigante pela própria natureza,
És belo, és forte, impávido colosso,
E o teu futuro espelha essa grandeza.
Terra adorada,
Entre outras mil,
És tu, Brasil,
Ó Pátria amada!
Dos filhos deste solo és mãe gentil,
Pátria amada,

Parte II

Deitado eternamente em berço esplêndido,
Ao som do mar e à luz do céu profundo,
Fulguras, ó Brasil, florão da América,
Iluminado ao sol do Novo Mundo!
Do que a terra, mais garrida,
Teus risonhos, lindos campos têm mais flores;
"Nossos bosques têm mais vida",
"Nossa vida" no teu seio "mais amores."
Ó Pátria amada,
Idolatrada,
Salve! Salve!

Brasil, de amor eterno seja símbolo
O lábaro que ostentas estrelado,
E diga o verde-louro dessa flâmula
- "Paz no futuro e glória no passado."
Mas, se ergues da justiça a clava forte,
Verás que um filho teu não foge à luta,
Nem teme, quem te adora, a própria morte.
Terra adorada,
Entre outras mil,
És tu, Brasil,
Ó Pátria amada!
Dos filhos deste solo és mãe gentil,
Pátria amada,
Brasil!

Letra: Joaquim Osório Duque Estrada; Música: Francisco Manuel da Silva

Primeiro "Preguinho" na Copa

O primeiro gol da Seleção Brasileira em Copas do Mundo foi marcado por João Coelho Netto, mais conhecido por Preguinho. O atacante faturou na primeira partida do Brasil na Copa de 1930, a 14 de julho, frente à Iugoslávia. Preguinho fez o único gol da derrota brasileira (1 x 2) aos 61 minutos, na partida de estréia. O então jogador do Fluminense fez poucos jogos ao serviço da Seleção, apenas cinco, mas marcou sete gols, o que lhe confere uma média de quase 1,5 gols por jogo.

Cinco donos da camisa 10

A Copa do Mundo de 1970 revelou um fato curioso na Seleção Brasileira, toda a linha avançada jogava com a camisa 10 nos respectivos clubes: Jairzinho (Botafogo), Pelé (Santos), Gérson (São Paulo), Tostão (Cruzeiro) e Rivellino (Corinthians). No entanto, apenas um envergou a camisa 10 no Mundial, Pelé. Quanto aos demais, Jairzinho ficou com a 7, Gérson com a 8, Tostão com a 9 e Rivellino com a 11.

Donos do Banco Carlos Alberto Parreira

A conquista da Copa do Mundo, de 1994 nos Estados Unidos, foi o melhor resultado obtido por Carlos Alberto Parreira ao comando da Seleção Brasileira. Mas este carioca formado em Educação Física já tinha feito a estréia no banco da canarinha uma década antes. Em 1983, com apenas 40 anos, Parreira levou o Brasil ao 2º lugar da Copa América. A caminhada começou com um amistoso, a 28 de abril, no Estádio do Maracanã diante do Chile, e com uma vitória por 3 x 2.

PRIMEIRO "ONZE"
Leão (Corinthians)
Leandro (Flamengo)
Márcio Rossini (Santos)
Marinho (Flamengo)
Júnior (Flamengo)
Batista (Palmeiras)
Sócrates (Corinthians)
Zico (Flamengo)
Tita (Grêmio)
Careca (São Paulo)
Eder (Atlético Mineiro)

TÍTULOS	ANO
Copa da Amizade	1992
Copa do Mundo	1994
Copa América	2004
Copa das Confederações da FIFA	2005

JOGOS	VITÓRIAS	EMPATES	DERROTAS
127	64	39	14

Hall da Fama **Carlos Alberto Torres**

O eterno capitão tinha apenas 19 anos quando foi chamado pelo técnico Aymoré Moreira para ocupar a lateral direita do escrete. A estréia foi apadrinhada com uma goleada frente à Inglaterra (5 x 1), em jogo a contar para a Taça das Nações. Nesse dia 30 de maio de 1964, Carlos Alberto Torres iniciou no Maracanã uma trajetória de ouro ao serviço da Seleção Brasileira.

JOGOS	VITORIAS	EMPATES	DERROTAS	GOLS
69	54	6	9	9

TÍTULOS	ANO
Medalha de Ouro nos Jogos Pan-Americanos	1963
Copa Rio Branco	1968
Taça Oswaldo Cruz	1968
Copa do Mundo	1970

A negra Copa Rio Branco

Em janeiro de 1946, a Seleção Brasileira viajou até Montevidéu para disputar a Copa Rio Branco, a tal competição criada com o objetivo de aproximar Brasil e Uruguai. Na segunda partida, quando estava empatada 1 x 1, o jogador do Uruguai Obdúlio Varela resolveu lançar a confusão: informou os policiais que Leônidas, o craque brasileiro que era reserva nesse jogo, estava ofendendo o bandeirinha e os jogadores uruguaios. Flávio Costa, técnico brasileiro, adivinhou as más intenções da polícia e ordenou a retirada dos jogadores brasileiros de campo. Foi o pretexto: os policiais iniciaram uma carga de cassetetes sobre os jogadores brasileiros que foram obrigados a fugir para os vestiários.

Samba no pé **"1 x 0"**

A sofrida vitória do Brasil frente ao Uruguai, no Campeonato Sul-Americano de 1919, por 1 x 0, no campo do Fluminense (Laranjeiras) teve direito a música. Para comemorar o primeiro título internacional da Seleção Brasileira, o instrumentista Pixinguinha e o seu parceiro, o flautista Benedito Lacerda, compuseram o chorinho "1 x 0", sem letra. Passados 74 anos, em 1993, Nelson Ângelo escreveu uma letra sobre futebol para a música, mas sem nenhuma referência ao jogo que a inspirou.

Senna no tetra

Após a conquista do tetracampeonato do mundo, frente à Itália em 1994, os jogadores brasileiros fizeram uma comovente homenagem ao falecido piloto Ayrton Senna. Uma faixa empunhada pelos atletas tinha escrito: "Senna, aceleramos juntos. O tetra é nosso". Ayrton Senna havia morrido no circuito de Imola, em San Marino, há menos de dois meses.

❂

Brasileirísmos

"Regina, eu te amo!"

Cafu Capitão da Seleção Brasileira ao erguer a Taça FIFA, na final do Mundial de 2002

❂

Times históricos

Vencedor da Copa do Mundo 1970 – 21 junho 1970

BRASIL	4 X 1	ITÁLIA

Técnico: Mário Zagallo

Everaldo
Félix
Piazza
Rivellino
Brito
Tostão
Gérson
Carlos Alberto
Clodoaldo
Pelé
Jairzinho

Campeão do Mundo **Suécia 1958**

Fase de Grupos

GRUPO 4

EQUIPE	PART.	V	E	D	GM-GS	PONT.
Brasil	3	2	1	0	5-0	5
União Soviética	4	2	1	1	5-4	5
Inglaterra	4	0	3	1	4-5	3
Austria	3	0	1	2	2-7	1

Convocados:

1 - Castilho
2 - Bellini
3 - Gilmar
4 - Djalma Santos
5 - Dino
6 - Didi
7 - Zagallo
8 - Oreco
9 - Zózimo
10 - Pelé
11 - Garrincha
12 - Nilton Santos
13 - Moacir
14 - De Sordi
15 - Orlando
16 - Mauro
17 - Joel
18 - Altafini/Mazzola
19 - Zito
20 - Vavá
21 - Dida
22 - Pepe

Artilheiros:
6 gols – Pelé
5 gols – Vavá
2 gols – Mazzola
1 gol – Didi,
         Nílton Santos
         e Zagallo

QUARTAS-DE-FINAL
19 junho — Brasil 1 x 0 (0 x 0) Gales

SEMI-FINAIS
24 junho — Brasil 5 x 2 (2 x 1) França

FINAL
29 junho — Brasil 5 x 2 (2 x 1) Suécia

TECNICO
Vicente Feola

CAMPEAO DO MUNDO
Brasil

Conquistadores da Oswaldo Cruz

Nilton Santos e Zózimo são os jogadores brasileiros com mais Taças Oswaldo Cruz conquistadas. Em oito edições do troféu - que colocava frente a frente o Brasil e o Paraguai - os dois craques ganharam quatro títulos cada um:

JOGADOR	EDIÇÃO
Nilton Santos	1950, 1955, 1961 e 1962
Zózimo	1955, 1956, 1958 e 1962
Djalma Santos	1955, 1956 e 1962
Pelé	1958, 1962 e 1968
Zagallo	1958, 1961 e 1962

Onde pára a camisa histórica de Pelé?

A 19 de junho de 1958, na partida frente ao País de Gales para a Copa da Suécia (1 x 0), Pelé marcou o primeiro gol em Copas do Mundo e apurou o Brasil para as semi-finais. Começou o mistério sobre o fim que terá levado a camisa 10 que o rei utilizou nessa partida. Em 2008, Roberto Cannavo, um colecionador italiano de uniformes, colocou a leilão na internet a suposta camisa. Mas após ler uma matéria sobre o assunto publicada no globoesporte.com concluiu que tinha a camisa errada e retirou o artigo de leilão. Cannavo foi enganado por um outro colecionador inglês a quem comprou a camisa com a garantia de que Pelé a teria trocado, no final da partida, com o jogador galês Derek Sullivan. Era falso e o mistério permanecia. A verdadeira camisa está na posse de uma professora, Dalva Lazaroni, que a adquiriu num leilão no Rio de Janeiro em março de 2002, por R$ 22 115. O objeto pertencia a Irene de Azevedo e Lima, funcionária da Confederação Brasileira de Desportos (atual CBF) à data da Copa, e ter-lhe-ia sido oferecido pelo próprio Pelé no final do jogo.

Como os brasileiros acompanharam as Copas

As cinco Copas do Mundo conquistadas pelo Brasil ao longo da história foram acompanhadas pelo povo brasileiro de formas diferentes. À medida que a tecnologia foi evoluindo, os meios de transmissão também melhoraram.

COPA DE 1958
O acompanhamento através da TV ainda era uma miragem. As únicas formas eram: em direto através do rádio e no dia seguinte pela leitura dos jornais.

COPA DE 1962
Além do rádio em direto e dos jornais, a torcida recebeu uma novidade com imagem na TV: videotape com os jogos completos exibidos no dia seguinte às partidas.

COPA DE 1970
Pela primeira vez o torcedor ganhou a possibilidade de ver os jogos da Seleção Brasileira em direto. Também se realizaram as primeiras transmissões em cores no país, mas apenas para um grupo restrito de telespectadores e ainda em caráter experimental.

COPA DE 1994
A internet entrou na vida das Copas do Mundo e revolucionou a forma de acompanhamento.
O tetra foi visto *on line*, ainda para um grupo muito restrito.

COPA DE 2002
A festa do penta pôde ser vista em qualquer tela ou mostrador, incluindo nos celulares.

53 dias sem escrete

Ao longo da história, a Seleção Brasileira não realizou qualquer jogo em 53 dos 365 dias do ano. Os meses de novembro e dezembro são os mais folgados para o escrete com nove dias, cada um, sem qualquer partida da Seleção.

CALENDÁRIO

JANEIRO	FEVEREIRO	MARÇO	ABRIL	JULHO
1 janeiro	2 fevereiro	2 março	18 abril	27 julho
2 janeiro	4 fevereiro	11 março	22 abril	
8 janeiro	11 fevereiro		23 abril	
11 janeiro	13 fevereiro			
12 janeiro	16 fevereiro			
18 janeiro	17 fevereiro			
20 janeiro	19 fevereiro			

AGOSTO	SETEMBRO	OUTUBRO	NOVEMBRO	DEZEMBRO
3 agosto	2 setembro	5 outubro	1 novembro	3 dezembro
14 agosto	21 setembro	18 outubro	2 novembro	11 dezembro
19 agosto	22 setembro	19 outubro	5 novembro	15 dezembro
25 agosto	26 setembro	25 outubro	9 novembro	24 dezembro
	28 setembro	26 outubro	10 novembro	26 dezembro
	29 setembro		23 novembro	28 dezembro
			24 novembro	29 dezembro
			29 novembro	30 dezembro
			30 novembro	31 dezembro

Primeiro gol no Maracanã

O primeiro gol da Seleção Brasileira no Estádio do Maracanã foi marcado por Ademir Menezes. O jogador do Vasco da Gama abriu o placar aos 31 minutos da partida entre Brasil e México (4 x 0), a primeira da Copa do Mundo de 1950 e aquela que inaugurou, oficialmente, o recinto. Antes do jogo, diante do Presidente da República, Eurico Dutra, e do presidente da FIFA, Jules Rimet, desfilou a tropa militar de elite dos Dragões da Independência, exibiu-se a Banda de Fuzileiros Navais, discursaram as autoridades e até houve revoada de pombos. Nesse dia 24 de junho de 1950, pelas 15 horas, o escrete começava da melhor forma uma Copa que haveria de permanecer, durante muitos anos, como um trauma na memória de todos: derrota (1 x 2) na final frente ao Uruguai.

Samba no pé "A taça do mundo é nossa"

A primeira vez nunca se esquece. Talvez por isso "A taça do mundo é nossa" tenha sucesso até hoje. Foi a música composta para comemorar a conquista da primeira Copa do Mundo para o Brasil (1958). O grupo de cegos "Titulares do ritmo" deu voz à melodia, fato que emocionou ainda mais o país.

A taça do mundo é nossa
Com brasileiro não há quem possa
Êh eta esquadrão de ouro
É bom no samba, é bom no couro

A taça do mundo é nossa
Com brasileiro não há quem possa
Êh eta esquadrão de ouro
É bom no samba, é bom no couro

O brasileiro lá no estrangeiro
Mostrou o futebol como é que é
Ganhou a taça do mundo
Sambando com a bola no pé
Goool!

A taça do mundo é nossa
Com brasileiro não há quem possa
Êh eta esquadrão de ouro
É bom no samba, é bom no couro

A taça do mundo é nossa
Com brasileiro não há quem possa
Êh eta esquadrão de ouro
É bom no samba, é bom no couro

O brasileiro lá no estrangeiro
Mostrou o futebol como é que é
Ganhou a taça do mundo
Sambando com a bola no pé
Goool!

Composição: Maugeri, Müller, Sobrinho e Dagô

A conquista de 1958 no telão

A primeira Copa do Mundo conquistada pelo Brasil teve direito a documentário no cinema. 50 anos após o histórico triunfo, na Suécia, o jornalista José Carlos Asbeg produziu um filme com 90 minutos – duração de uma partida de futebol – onde são relatados os pormenores da vitória canarinha. Foram cerca de 130 horas de depoimentos gravados com os craques brasileiros e com os principais adversários da época. O jornalista visitou todos os locais utilizados para as concentrações do escrete num trabalho que demorou cinco anos a realizar. O resultado final emocionou as platéias do Brasil.

Maiores fornecedores da Copa do Mundo

O Botafogo (RJ) foi o clube que cedeu mais jogadores à Seleção Brasileira para Copas do Mundo, 46 ao todo. Das 18 edições realizadas até ao momento, o "fogão" esteve representado em 15.

	CLUBE	JOGADORES
1º	Botafogo (RJ)	46
2º	São Paulo (SP)	42
3º	Vasco da Gama (RJ)	32
4º	Flamengo (RJ)	31
5º	Fluminense (RJ)	28
6º	Palmeiras (SP)	24
7º	Santos (SP)	23
	Corinthians (SP)	23
9º	Cruzeiro (MG)	10
	Atlético Mineiro (MG)	10

Tradição quebrada

Na final da Copa do Mundo de 1970, o Brasil quebrou uma tradição que se mantinha desde o torneio de 1950: o time que saía na frente era sempre derrotado no final. Aconteceu com o Brasil em 1950 (campeão: Uruguai), Hungria em 1954 (campeão: Alemanha), Suécia em 1958 (campeão: Brasil), Tchecoslováquia em 1962 (campeão: Brasil) e Alemanha em 1966 (campeão: Inglaterra). Em 1970, a Seleção Brasileira marcou primeiro e acabou campeã do mundo com uma vitória por 4 x 1, sobre a Itália, quebrando o tabu.

Maior assistência de sempre

A maior assistência de sempre em um jogo da Seleção Brasileira aconteceu a 16 de julho de 1950, a final da Copa de 1950. Nesse dia, o Estádio do Maracanã recebeu 199 854 espectadores que assistiram à derrota, 1 x 2, contra o Uruguai. No entanto, esta não foi a maior assistência de sempre se considerarmos apenas o universo de público pagante. Essa aconteceu a 21 de março de 1954, quando 174 599 espectadores pagantes assistiram ao Brasil 4 x 1 Paraguai (para as eliminatórias da Copa do Mundo), superando a final da Copa de 1950 entre Brasil e Uruguai, à qual assistiram 173 850 espectadores pagantes.

Juízes brasileiros na Copa do Mundo

COPA	JUIZ
1930	Gilberto Almeida Rego
1950	Mário Vianna, Mário Gardelli e Alberto Gama Malcher
1954	Mário Vianna
1962	João Etzel Filho
1966	Armando Marques
1970	Aírton Vieira de Moraes
1974	Armando Marques
1978	Arnaldo César Coelho
1982	Arnaldo César Coelho
1986	Romualdo Arppi Filho
1990	José Roberto Wright
1994	Renato Marsiglia
1998	Márcio Rezende de Freitas
2002	Carlos Eugênio Simon
2006	Carlos Eugênio Simon

Invicto contra "meio mundo"

O Brasil nunca perdeu contra mais de metade das seleções nacionais que defrontou até hoje. Dos 78 adversários, em partidas oficiais e amistosas, 43 não conseguiram vencer a Seleção Brasileira. Nalguns casos, o número de jogos realizados já é significativo: Japão (9), Escócia (9), Áustria (8), Rússia (5), e mesmo assim o Brasil saiu sempre invicto.

O outro Pan-Americano

Antes dos Jogos Pan-Americanos, a Seleção Brasileira participou numa outra competição, dedicada exclusivamente ao futebol, chamada Campeonato Pan-Americano, precisamente a percursora do futebol nos Jogos Pan-Americanos. O torneio, disputado num único turno, teve apenas três edições e o Brasil saiu vitorioso em duas:

ANO	CAMPEÃO
1952	Brasil
1956	Brasil
1960	Argentina

Maiores artilheiros de sempre na Copa América

	JOGADOR	GOLS
1º	Zizinho	17
2º	Ademir Menezes	13
	Jair Rosa Pinto	13
4º	Didi	10
	Ronaldo	10
6º	Heleno de Freitas	9
7º	Evaristo	8
	Neco	8
	Pelé	8
	Tesourinha	8

Comissão técnica mais eclética

A comissão técnica que a Seleção Brasileira levou à Copa do Mundo de 1958, na Suécia, foi a mais eclética de sempre. O grupo incluía até psicólogo e dentista:

COMISSÃO TÉCNICA BRASILEIRA 1958

Chefe da delegação Dr. Paulo Machado de Carvalho.
Técnico Vicente Italo Feola
Supervisor Carlos Nascimento
Médico Dr. Hilton Gosling
Preparador Físico Paulo Amaral
Psicólogo Professor João Cavalhaes
Dentista Dr. Mario Trigo Loureiro
Massagista Mario Américo

Hall da Fama **Djalma Santos**

Quem assistiu aos jogos da Seleção Brasileira nas décadas de 50 e 60, cresceu vendo Djalma Santos na lateral direita do campo. Aquela faixa de gramado era dele. Tudo começou a 10 de abril de 1952, no Estádio Nacional (Chile), frente ao Peru. O Brasil acabou empatando essa partida, 0 x 0, para o Campeonato Pan-Americano, mas venceu o torneio. Era o primeiro de muitos títulos para Djalma Santos.

JOGOS	VITORIAS	EMPATES	DERROTAS	GOLS
114	81	16	17	3

TÍTULOS	ANO
Campeonato Pan-Americano	1952
Taça Oswaldo Cruz	1955, 1956 e 1962
Taça do Atlântico	1956 e 1960
Copa Roca	1957, 1960 e 1963
Copa do Mundo	1958 e 1962
Taça Bernardo O´Higgins	1959
Copa Rio Branco	1968

Maiores artilheiros de todos os tempos

	JOGADOR	GOLS
1º	Pelé	95
2º	Ronaldo	73
3º	Romário	71
4º	Zico	67
5º	Bebeto	57
6º	Jairzinho	44
7º	Rivellino	43
8º	Rivaldo	39
9º	Leônidas da Silva	38
10º	Ademir Menezes	37

O penta Atlético Paranaense

O Atlético Paranaense tem um jogador entre os que conquistaram as cinco Copas do Mundo para o Brasil: Kléberson ganhou o título em 2002.

A última vez com a camisa das listras

Na saborosa final do Sul-Americano, em 1919, a Seleção Brasileira usou pela última vez as camisas verdes e amarelas em listras verticais. Foi na dramática partida frente ao Uruguai que o Brasil venceu por 1 x 0. Os 28 000 espectadores presentes no Estádio das Laranjeiras viram pela última vez um uniforme que o Brasil havia estreado na I edição do Campeonato Sul-Americano, em 1916.

Maiores fornecedores estrangeiros da Copa do Mundo

Real Madrid e AC Milan foram os clubes estrangeiros que cederam mais jogadores à Seleção Brasileira para Copas do Mundo, seis cada um. No somatório de todas as Copas, os clubes italianos e espanhóis são os mais representados na canarinha.

	CLUBE	PAÍS	JOGADORES
1º	AC Milan	Itália	6
	Real Madrid	Espanha	6
3º	Roma	Itália	5
	Bayer Leverkusen	Alemanha	5
	Barcelona	Espanha	5
6º	Inter de Milão	Itália	4
	Benfica	Portugal	4
	Lyon	França	4
9º	Bayern Munique	Alemanha	3
10º	Torino	Itália	2
	Fiorentina	Itália	2
	FC Porto	Portugal	2
	Deportivo da Corunha	Espanha	2
	Paris Saint-German	França	2

Campanha do Selo

Em 1938 a Confederação Brasileira dos Desportos (atual CBF) lançou a Campanha do Selo. Foram emitidos 100 000 selos, a 500 réis/unidade, com a frase "Ajudar o Scratch é dever de todo o brasileiro". A CBD arrecadou 50 preciosos contos de réis para ajudar às despesas da Seleção Brasileira na França.

Marcador compulsivo em Copas

Pelé, juntamente com o alemão Uwe Seller, são os dois únicos jogadores que fizeram gols em quatro Copas do Mundo. O rei marcou em 1958, 1962, 1966 e 1970.

⚽

Por onde anda... **Romário**

O herói maior da Copa de 1994, a do tetra, voltou a jogar futebol no América (RJ) aos 43 anos de idade. Quando interrompeu a carreira, ainda teve uma experiência como técnico do Vasco da Gama, mas por pouco tempo. Depois o Baixinho experimentou a carreira de dirigente, também no América, mas também não aqueceu o lugar.

⚽

Os pentas **palmeirenses**

O Palmeiras é o 3º clube brasileiro com mais jogadores entre os que conquistaram as cinco Copas do Mundo para o Brasil. Foram nove atletas no total. Eis os nomes dos heróis:

JOGADOR	COPA
Mazzola	1958
Djalma Santos	1962
Zequinha	1962
Vavá	1962
Baldocchi	1970
Leão	1970
Zinho	1994
Mazinho	1994
Marcos	2002

⚽

Primeiro artilheiro

Oswaldo Gomes, um médio-centro nascido em 1888, foi o autor do primeiro gol na história da Seleção Brasileira. Oswaldo marcou logo aos 15 minutos no jogo de estréia, um amistoso frente aos ingleses do Exeter City (2 x 0), disputado no Estádio das Laranjeiras a 21 de julho de 1914. Foi o único gol que Oswaldo marcou com a camisa do Brasil nos cinco jogos que disputou pela Seleção.

Maiores assistências da Seleção no Maracanã

JOGO		DATA	COMPETIÇÃO	ASSISTÊNCIA
1ª	Brasil 1 x 2 Uruguai	16/07/50	Copa de 1950	199 854
2ª	Brasil 4 x 1 Paraguai	21/03/54	Elim. Copa de 1954	195 513
3ª	Brasil 1 x 0 Paraguai	31/08/69	Elim. Copa de 1970	183 341
4ª	Brasil 6 x 0 Colômbia	09/03/77	Elim. Copa de 1978	162 764
5ª	Brasil 6 x 1 Espanha	13/07/50	Copa de 1950	152 772
6ª	Brasil 1 x 0 Alemanha Ocidental	21/03/82	Amistoso	150 289
7ª	Brasil 3 x 0 Peru	01/05/78	Amistoso	145 200
8ª	Brasil 2 x 0 Alemanha Ocidental	06/06/65	Amistoso	143 315
9ª	Brasil 2 x 0 Iugoslávia	01/07/50	Copa de 1950	142 429
10ª	Brasil 2 x 0 Chile	03/09/89	Elim. Copa 1990	141 072

Seleção da Placar

Em 1998 a revista Placar fez uma enquete a 64 personalidades do esporte para saber qual a melhor Seleção Brasileira de sempre. O resultado foi este:

Gilmar
Djalma Santos
Carlos Alberto
Domingos da Guia
Nílton Santos
Gérson
Didi
Zizinho
Garrincha
Leônidas da Silva
Pelé

Um cinquentão enxuto

Pelé comemorou o 50º aniversário jogando futebol. O rei participou no amistoso da Seleção Brasileira com a Seleção do Resto do Mundo, no dia 31 de outubro de 1990. Uma parada de estrelas, dirigida por Franz Beckenbauer, derrotou (2 x 1) o Brasil treinado por Paulo Roberto Falcão. Pelé jogou quase até final do primeiro tempo, quando deu lugar a Neto, aos 43 minutos. E por pouco que o rei não marcava no Estádio Giuseppe Meazza, naquela noite, quando Rinaldo falhou um passe fatal. Seria o 96º gol de Pelé com a camisa canarinha.

Donos do Banco **Falcão**

Falcão foi um dos grandes jogadores brasileiros que também treinou a Seleção canarinha. O Rei de Roma, como era conhecido quando jogava na Itália, não foi feliz no comando técnico do escrete. Substituiu Lazaroni, após a Mundial de 90, mas o 2º lugar na Copa América de 1991 ditou a sua demissão. Efetuou apenas 16 jogos no comando técnico do Brasil e já não acompanhou a equipe nas eliminatórias para a Copa de 1994, nos Estados Unidos. A estréia de Falcão foi um prenúncio daquilo que seria a curta carreira na Seleção: derrota por 3 x 0, num amistoso frente à Espanha realizado em Gijón a 12 de setembro de 1990, com o seguinte time.

PRIMEIRO "ONZE"
Velloso (Palmeiras)
Gil Baiano (Bragantino)
Paulão (Cruzeiro)
Márcio Santos (Novorizontino)
Nelsinho (Flamengo)
Cafu (São Paulo)
Donizete Oliveira (Grêmio)
Moacir (Atlético Mineiro)
Neto (Corinthians)
Charles (Bahia)
Nílson (Grêmio)

JOGOS	VITORIAS	EMPATES	DERROTAS
17	6	7	4

Maiores assistências da Seleção no Morumbi

JOGO	DATA	COMPETIÇÃO	ASSISTENCIA
1ª Brasil 0 x 0 Austria	01/05/74	Amistoso	132 123
2ª Brasil 2 x 0 Bolívia	16/08/79	Copa América	109 408
3ª Brasil 1 x 1 Tchecoslováquia	03/03/82	Amistoso	107 060
4ª Brasil 6 x 0 Venezuela	20/08/89	Elim. Copa de 90	106 402
5ª Brasil 5 x 0 Chile	22/03/70	Amistoso	101 902

O Paraná na Copa do Mundo

Kléberson foi o único representante de um clube paranaense em Copas do Mundo ao serviço da Seleção Brasileira. Aconteceu na Copa da Coreia/Japão-2002, quando o então jogador do Atlético Paranaense foi convocado por Luiz Felipe Scolari. Kléberson iniciou a Copa fora das opções, depois passou a suplente utilizado em duas partidas e acabou o torneio como titular indiscutível, incluindo na final frente à Alemanha, em que o Brasil conquistou o título mundial.

Classificados com "Folha Seca"

A 21 de abril de 1957, no Estádio do Maracanã, Didi deixou uma marca para a história. O gol apontado pelo meia-esquerda, na vitória (1 x 0) frente ao Peru, classificou a Seleção Brasileira para a Copa de 1958. A vantagem foi alcançada através da marcação de uma falta: a bola descreveu uma trajetória inesperada, numa caída repentina, comparada à de uma folha seca. Didi abria caminho para a conquista do primeiro título mundial e criava a sua marca registrada mais forte.

Times históricos

Vencedor da Copa do Mundo 1994 – 17 junho 1994

BRASIL	0 X 0 (3 X 2 PENALTIS)	ITÁLIA

Técnico: Carlos Alberto Parreira

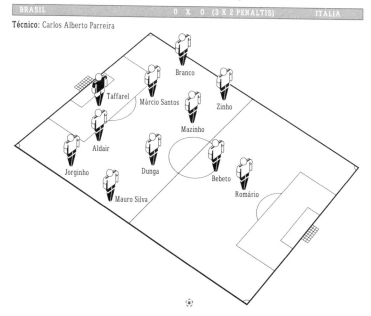

Juizes finalistas da Copa América

ARBITRO	COPA	JOGO
Arnaldo César Coelho	1979	Paraguai 0 x 0 Chile
Romualdo Arppi Filho	1987	Uruguai 1 x 0 Chile
Márcio Rezende de Freitas	1993	Argentina 2 x 1 México

A final dos 240 minutos

Brasil e Uruguai estavam destinados a sofrer pela conquista do Campeonato Sul-Americano de 1919. As duas equipes se encontraram para o grande jogo no Estádio das Laranjeiras completamente lotado. A partida terminou com empate, 2 x 2, e a decisão foi adiada para quatro dias mais tarde. A 29 de maio, o Brasil jogou uma das finais mais dramáticas de sua história. O Governo decretou ponto facultativo nas repartições públicas e bancos, e as casas comerciais fecharam as portas. A partida estava marcada para as 14 horas, mas às 9 horas já havia gente nas imediações do Estádio das Laranjeiras. Empate a zero no final dos 90 minutos. Prorrogação e tudo na mesma. O juiz argentino Juan Barbera ordena nova prorrogação, com os jogadores já extenuados. Aos três minutos, aproveitando as últimas forças, Neco corre pelo lado direito, com a marcação do defesa Foglino, e consegue cruzamento para Heitor rematar. Saporiti, goleiro uruguaio, defende, mas a bola cai nos pés de Friedenreich que, sem apelo, remata a meia altura para o fundo das redes. A partida não teve mais história até o final. Ao fim de dois jogos e duas prorrogações, o Brasil foi Campeão Sul-Americano.

Maiores artilheiros na Copa do Mundo

	JOGADOR	GOLS
1º	Ronaldo	15
2º	Pelé	12
3º	Admir Menezes	9
	Jairzinho	9
	Vavá	9
6º	Leônidas da Silva	8
	Rivaldo	8
8º	Careca	7
9º	Rivellino	6
	Bebeto	6

Por onde anda... Ricardo Rocha

O bigode mais popular do tetra, conquistado nos Estados Unidos em 1994, continua ligado ao esporte. O ex-zagueiro é empresário e proprietário da empresa de gestão esportiva RT Pro Sports, juntamente com o ex-jogador Alexandre Torres.

Os pentas corinthianos

O Corinthians tem oito jogadores entre os que conquistaram as cinco Copas do Mundo para o Brasil. Eis os nomes dos heróis:

JOGADOR	COPA
Gilmar	1958
Oreco	1958
Ado	1970
Rivellino	1970
Viola	1994
Ricardinho	2002
Dida	2002
Vampeta	2002

Brasileirísmos

"No Brasil a pena maior é de 30 anos, eu fui condenado à prisão perpétua"

Barbosa Ex-goleiro da Seleção Brasileira a propósito da fatídica final da Copa de 1950

Jovens derrotam campeões

A II edição da Copa Rio Branco, entre Brasil e Uruguai, em 1932, era aguardada com grande expectativa. Após a vitória da Seleção Brasileira na I edição, em 1931, todos queriam saber se os campeões do mundo e bicampeões olímpicos deixariam fugir novamente o troféu para os brasileiros, agora em Montevidéu. A tensão era tanta que os grandes clubes do Rio e São Paulo recusaram ceder os principais jogadores, temendo a sede de vingança dos uruguaios. Assim, o técnico Luís Vinhais escalou apenas jovens promessas de clubes do Rio de Janeiro. Entre eles Leônidas da Silva, então promissor centroavante, que marcou os dois gols do Brasil na Copa Rio Branco (2 x 1) e garantiu mais um troféu. Os uruguaios não se conformaram e marcaram mais dois amistosos para a Seleção Brasileira: Peñarol e Nacional. Mais duas vitórias por 1 x 0 e 2 x 1 respectivamente. O retorno da Seleção ao Rio de Janeiro foi um acontecimento monumental. Milhares de pessoas aguardavam os jogadores na Praça Mauá, cujo percurso até ao Palácio do Catete – onde o presidente Getúlio Vargas esperava pelos craques – durou mais de três horas.

Centenário da FIFA

A Seleção Brasileira foi convidada de honra para o jogo comemorativo do centenário da FIFA. A 20 de maio de 2004, Brasil e França voltaram a encontrar-se – tal como havia acontecido seis anos antes, na final da Copa de 1998 – no Stade de France, em Paris. Do lado francês a equipe permanecia quase intacta, no time brasileiro apenas Cafu, Roberto Carlos e Ronaldinho sobreviviam da final de má memória. A Seleção não conseguiu a desforra: o jogo terminou empatado sem gols. No primeiro tempo, os times jogaram com uniformes idênticos aos utilizados no início do século. O Brasil vestiu bermudão e camisa branca com detalhes azuis nas mangas.

Campeão do Mundo **México 1970**

Fase de grupos

GRUPO 3

EQUIPE	PART.	V	E	D	GM-GS	PONT.
Brasil	3	3	0	0	8-3	6
Inglaterra	3	2	0	1	2-1	4
Romênia	3	1	0	2	4-5	2
Tchecoslováquia	3	0	0	3	2-7	0

Convocados:

1 – Felix
2 – Brito
3 – Piazza
4 – Carlos Alberto Torres
5 – Clodoaldo
6 – Marco Antônio
7 – Jairzinho
8 – Gérson
9 – Tostão
10 – Pelé
11 – Rivellino
12 – Ado
13 – Roberto
14 Baldochi
15 – Fontana
16 – Everaldo
17 – Joel Camargo
18 – Paulo César
19 – Edu
20 – Dario
21 – Zé Maria
22 – Leão

Artilheiros:
7 gols – Jairzinho
4 gols – Pelé e
3 gols – Rivellino
2 gols – Tostão
1 gol – Carlos Alberto Torres, Clodoaldo e Gérson

QUARTAS-DE-FINAL
14 junho — Brasil 4 x 2 (2 x 1) Peru

SEMI-FINAIS
17 junho — Brasil 3 x 1 (1 x 1) Uruguai

FINAL
21 junho — Brasil 4 x 1 (1 x 1) Itália

TÉCNICO
Zagallo

CAMPEÃO DO MUNDO
Brasil

Hall da Fama **Dunga**

A estréia de Dunga pela Seleção Brasileira aconteceu num dos estádios europeus mais emblemáticos: Wembley. Por ordem do técnico Carlos Alberto da Silva, Dunga substituiu Silas na partida da Copa Stanley Rous, frente à Inglaterra. O jogo, realizado a 19 de maio de 1987, terminou empatado, 1 x 1.

JOGOS	VITÓRIAS	EMPATES	DERROTAS	GOLS
96	66	21	9	7

TÍTULOS	ANO
Medalha de Prata dos Jogos Pan-Americanos	1983
Medalha de Prata nos Jogos Olímpicos	1984
Taça Stanley Rous	1987
Copa do Mundo	1994
Copa Umbro	1995
Copa América	1997
Copa das Confederações da FIFA	1997

Os pentas **cruzeirenses**

O Cruzeiro tem cinco jogadores entre os que conquistaram as cinco Copas do Mundo para o Brasil. Eis os nomes dos heróis:

JOGADOR	COPA
Wilson Piazza	1970
Tostão	1970
Fontana	1970
Ronaldo	1994
Edílson	2002

Transmissão por escrito

Alguns países que disputaram a Copa do Mundo de 1934, na Itália, tiveram direito a transmissões diretas dos seus jogos por rádio. Mas foram exceções à regra da qual o Brasil fazia parte. O melhor que a longa distância permitia era notícias por telegrafia, enviadas para as redações. Em dias de jogos, o público reunia-se em frente aos prédios dos jornais, aguardando que os resultados fossem mostrados em enormes cartazes expostos nas janelas.

Classificações em Copas do Mundo

COPA	CLASSIFICAÇÃO
1930	6º
1934	14º
1938	3º
1950	2º
1954	6º
1958	1º
1962	1º
1966	11º
1970	1º
1974	4º
1978	3º
1982	5º
1986	5º
1990	9º
1994	1º
1998	2º
2002	1º
2006	5º

⚽

O teatro chileno

A vaga para a Copa do Mundo de 1990 se decidia no Estádio Maracanã, naquele 3 de setembro de 1989. Brasil ou Chile, um deles estaria no Mundial da Itália. A canarinha marcou primeiro, por Careca, mas 10 minutos mais tarde uma torcedora – identificada mais tarde como Rosemary Mello – lança um foguete da bancada em direção ao gramado. O goleiro Chileno Roberto Rojas lança-se imediatamente para o chão, tentando tirar partido do momento e simulando ter sido atingido pelo artefato. Toda a equipe chilena abandonou o campo carregando nos braços Rojas – que fingia estar desmaiado – e alegando "absoluta falta de segurança". O objetivo seria a realização de um novo jogo, em campo neutro, tirando daí evidentes vantagens. Uma semana mais tarde, a Comissão Organizadora do Mundial-1990 ouvia os relatos de três testemunhas – o árbitro e os dois delegados ao jogo – para declarar o Brasil vencedor do jogo, 2 x 0. Essa era a derrota aplicada à equipe que abandonasse o campo sem motivo aparente. A Seleção garantiu assim a vaga para a Copa italiana.

O "Fita Roxa"

Marcos Carneiro de Mendonça foi o primeiro goleiro da Seleção Brasileira. Nasceu em Cataguases (MG), no dia de Natal de 1894 e faleceu 94 anos depois, no Rio de Janeiro. Conquistou os campeonatos sul-americanos de 1919 e 1922 pelo Brasil. Ficou conhecido como o Fita Roxa porque era esse o adereço que usava para prender os calções. A preocupação que demonstrava na escolha do equipamento (camisa e calções brancos) e o bom aspecto físico arrebatavam os corações femininos. Quando encerrou a carreira, foi historiador e presidente do Fluminense.

Os pentas do Atlético Mineiro

O Atlético Mineiro tem dois jogadores entre os que conquistaram as cinco Copas do Mundo para o Brasil. Eis os nomes dos heróis:

JOGADOR	COPA
Dario	1970
Gilberto Silva	2002

O maior cliente

A Argentina é a seleção que o Brasil defrontou mais vezes até hoje. Entre partidas amistosas e oficiais, o duelo com os Pampas já aconteceu em 92 ocasiões. A lista dos 11 adversários mais fiéis da Seleção Brasileira é quase toda composta por seleções sul-americanas:

	ADVERSÁRIO	JOGOS
1º	Argentina	92
2º	Paraguai	75
3º	Uruguai	71
4º	Chile	65
5º	Peru	38
6º	México	31
7º	Equador	27
8º	Bolívia	25
9º	Colômbia	23
	Inglaterra	23
11º	Venezuela	22

Mapa Brasil F. C.

Alguns jogadores com nomes ou apelidos relacionados com a geografia brasileira que já vestiram a camisa da Seleção Canarinha:

JOGADOR	ANO
Dudu Cearense	2004
Gil Baiano	1990
Goiano	1959
Juninho Paulista	1995
Juninho Pernambucano	1999
Júnior Baiano	1997
Marcelinho Carioca	1994
Marcelinho Paraíba	2001
Marcelinho Paulista	1996
Mineiro	2001
Paraná	1965
Pernambuco	1914
Renato Gaúcho	1983
Roberto Cearense	1981
Ronaldinho Gaúcho	1999
Salvador	1954

⚽

Taras e manias A 13 por baixo da 3

A decisão da Copa de 1958 estava a poucos minutos de distância quando uma preocupação invadiu o vestiário da Seleção Brasileira: ninguém sabia o paradeiro da camisa número 13 que o goleiro Gilmar costumava usar por baixo do uniforme oficial com o número 3. Gilmar pretendia apenas se proteger do frio sueco, sem qualquer intenção supersticiosa, e até estava disposto a usar outra camisa naquela final frente à Suécia. Mas os companheiros e a comissão técnica entenderam que seria mais "seguro" Gilmar continuar, como até ali, com uma camisa 13 por baixo do uniforme principal. Assim, foi preciso improvisar um esparadrapo de tecido em forma de número 1, numa camisa que já tinha o número 3, de modo a completar o tão desejado número 13. Gilmar entrou em campo, como sempre, protegido do frio, e o Brasil ganhou a primeira Copa do Mundo.

Clubes que vestiram a camisa amarela

Ao longo da história foram três os clubes brasileiros que vestiram a camisa da Seleção, representando o país: Atlético Mineiro, Corinthians e Palmeiras. Os jogos foram os seguintes:

JOGO			DATA	COMPETIÇÃO
Brasil (Palmeiras)	3 x 0	Uruguai	07/09/65	Amistoso
Arsenal	2 x 0	Brasil (Corinthians)	16/11/65	Amistoso
Brasil (Atlético Mineiro)	3 x 2	Iugoslávia	19/12/68	Amistoso

Oito toneladas de bagagem

Na Copa do Mundo de 2002 a comitiva brasileira bateu o recorde de bagagem transportada: oito toneladas. A viagem até ao outro lado do Mundo, Coreia/Japão, exigiu precauções diferentes daquelas que haviam sido tomadas até então. Valeu a pena porque no regresso, a Seleção trouxe na bagagem a Copa do Mundo. Em 2006, no Mundial da Alemanha, a comitiva brasileira levou seis toneladas de malas, entre as quais 600 kg de alimentos.

O mais goleado

A seleção do Paraguai é o adversário mais goleado pelo Brasil. Nas 75 partidas realizadas até ao momento com a Seleção Brasileira, os paraguaios sofreram 166 gols, o que representa uma média de 2,21 gols por jogo. Estas são as 10 seleções a quem o Brasil marcou mais gols:

	ADVERSARIO	GOLS CONTRA	JOGOS	MEDIA/PARTIDA
1º	Paraguai	166	75	2,2
2º	Chile	152	65	2,3
3º	Argentina	148	93	1,6
4º	Uruguai	127	72	1,7
5º	Bolívia	87	26	3,3
6º	Venezuela	82	20	4,1
	Peru	82	38	2,1
8º	Equador	76	27	2,8
9º	México	65	31	2
10º	Colômbia	52	23	2,2

Um conselheiro anti-futebol

A Seleção Brasileira preparava-se para disputar a I edição do Campeonato Sul-Americano, em 1916, na Argentina. Colocava-se o problema da deslocação. A I Guerra Mundial tinha retirado muitos navios de circulação. Mas o ministro das Relações Exteriores, Lauro Müller, encontrou uma solução: a delegação brasileira viajaria, de carona, no navio "Júpiter" – fretado para levar a Delegação Plenipotenciária do Brasil ao Congresso do Centenário de Tucumán – que ainda tinha alguns camarotes vagos. O ministro ligou ao conselheiro Ruy Barbosa, chefe da comitiva diplomática, a informá-lo da decisão, e de volta obteve uma reação inesperada: "não viajo com essa corja de vagabundos, ou eles ou eu!". Os jogadores não tiveram alternativa se não fazer uma penosa e desgastante viagem de trem até Buenos Aires.

⚽

Naturalidade de jogadores em Copas do Mundo

ESTADO	Nº DE JOGADORES
1º São Paulo	165
2º Rio de Janeiro	159
3º Minas Gerais	69
4º Rio Grande do Sul	49
5º Pernambuco	19
6º Bahia	18
7º Paraná	16
8º Pará	9
Santa Catarina	9
10º Espírito Santo	6

⚽

Taras e manias Goleiros negros

Após a suposta falha de Barbosa na decisão com o Uruguai (1950) – que deixou um Maracanã lotado aos prantos –, passou a existir um preconceito explícito em relação aos goleiros negros na Seleção Brasileira. Veludo ainda foi reserva na Copa de 1954 e Manga – que era pardo – chegou a disputar um jogo na Copa de 1966. Lula, Jairo, Tobias e Acácio – todos negros – também vestiram a camisa da Seleção, mas sempre de forma muito fugaz. Foi preciso esperar 52 anos para voltar a ver um goleiro negro titular indiscutível do Brasil: Dida, na Copa de 2002. A culpa não foi de Dida mas a Seleção Brasileira voltou a perder, na final, com um goleiro negro no gol.

Por onde anda... **Rivellino**

O jogador que acrescentou magia à meia-esquerda da Seleção Brasileira na conquista do tri, em 1970, já foi comentador esportivo de televisão, mas hoje cuida de uma escolinha de futebol, na zona sul de São Paulo, juntamente com o irmão Abílio. É lá que vive, no bairro de Brooklin, onde nasceu.

Japão nas Copas "brasileiras"

Além do Brasil, o Japão foi até hoje o único país fora do continente europeu cujos clubes cederam jogadores à Seleção Brasileira para Copas do Mundo. Foram três clubes asiáticos com um jogador cada:

CLUBE	JOGADOR	COPA
Shimizu F.C.S-Pulse	Ronaldão	1994
Yokohama Flügels	César Sampaio	1998
Jubilo Iwata	Dunga	1998

Primeiro juiz

Sabe-se pouco ou quase nada sobre o primeiro juiz que dirigiu um jogo da Seleção Brasileira. H. Robinson, de nacionalidade inglesa, arbitrou a vitória do Brasil sobre o Exeter City, no Estádio das Laranjeiras, a 21 de julho de 1914. Perante a multidão que lotou o recinto (5000 espectadores), Robinson não teve tarefa fácil. O jogo foi intenso, com alguns lances de violência por parte dos ingleses. O avançado brasileiro Friedenreich, por exemplo, perdeu dois dentes e abandonou o campo sangrando muito.

Um troféu, dois times diferentes

A idéia, tantas vezes repetida, de que o Brasil tem jogadores para construir várias seleções de grande nível, foi literalmente verdadeira em 1955, na Taça Oswaldo Cruz, troféu que colocava frente a frente as seleções do Brasil e do Paraguai. Nessa época, a Seleção Brasileira levou o troféu apresentando dois times diferentes em cada um dos dois jogos. A 13 de novembro, no Maracanã (Rio de Janeiro) com 95 000 torcedores, uma equipe formada exclusivamente por jogadores de clubes cariocas venceu por 3 x 0. Cinco dias mais tarde, no Pacaembu (São Paulo), um time de jogadores paulistas garantiu o troféu com um empate 3 x 3.

Times históricos

Vencedor da Copa do Mundo 2002 – 30 junho 2002

| ALEMANHA | 0 X 2 | BRASIL |

Técnico: Luiz Felipe Scolari

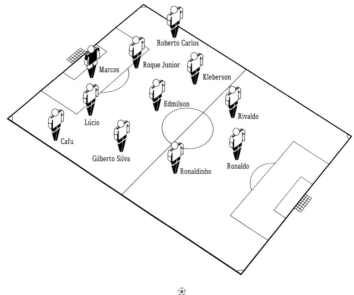

Os pentas botafogenses

O Botafogo tem oito jogadores entre os que conquistaram as cinco Copas do Mundo para o Brasil. Eis os nomes dos heróis:

JOGADOR	COPA
Didi	1958 e 1962
Garrincha	1958 e 1962
Nílton Santos	1958 e 1962
Amarildo	1962
Zagallo	1962
Jairzinho	1970
Roberto Miranda	1970
Paulo César	1970

Troféus roubados

No dia 20 de dezembro de 1983, o Brasil ficou chocado com a notícia de um roubo na sede da CBF. Os ladrões levaram quatro valiosos e históricos troféus, entre eles a Taça Jules Rimet que a Seleção Brasileira havia conquistado de forma definitiva 14 anos antes, na Copa de 1970. A Equitativa (símbolo de vice-campeão na Copa de 1950), a Jarrito de Ouro (pela conquista do II Campeonato Pan-Americano do México, em 1956) e Taça Independência conquistada em 1972, por ocasião do Torneio comemorativo do sesquicentenário da Independência do Brasil), também desapareceram durante o assalto. O vigia João Batista Maia foi rendido por dois homens, um deles armado, sem conseguir reagir. Os troféus nunca mais apareceram e suspeita-se que, pelo menos a Jules Rimet – 1,8 kg de ouro – tenha sido derretida. Em janeiro de 1984, todos os suspeitos e presos pelo roubo foram soltos, sem provas suficientes para incriminação.

Todos os cuidados foram poucos

A semi-final entre Brasil e Chile (o anfitrião), para a Copa de 1962, foi encarada com todos os cuidados pela delegação brasileira. Com receio de sabotagem na alimentação do hotel, foi decidido que a comitiva iria preparar a sua própria comida. O dentista da delegação, Mário Trigo, ficou encarregado de comprar os ingredientes para preparar as refeições que alimentaram os jogadores brasileiros.

Brasileirísmos

"Didi tinha a elegância de um mestre-sala a circular pelo campo"
Armando Nogueira Jornalista

Por onde anda... Mazinho

Um dos pilares da seleção tetracampeã nos Estados Unidos escolheu a Espanha para viver, após terminar a carreira. A ligação prolongada ao Celta Vigo, enquanto jogador, fez com que o paraibano estabelecesse residência fixa naquela cidade espanhola, onde também tem uma escolinha de futebol. Em 2009 Mazinho fez uma experiência como técnico no Aris Salônica da Grécia.

Hall da Fama **Friedenreich**

Friedenreich não podia ter estreado mais cedo na Seleção Brasileira porque jogou a primeira partida da história do escrete. O jogo amistoso aconteceu a 21 de julho de 1914, frente aos ingleses do Exeter City, com vitória brasileira por 2 x 0. Os tempos não permitiram que Fried fosse mais além, mesmo assim, jogou o suficiente para ser considerado o primeiro grande craque do futebol brasileiro.

JOGOS	VITÓRIAS	EMPATES	DERROTAS	GOLS
23	11	8	4	10

TÍTULOS	ANO
Copa Roca	1914
Campeonato Sul-Americano	1919 e 1922

Maior artilheiro da Copa do Mundo

Ronaldo é o maior artilheiro na história acumulada das Copas do Mundo. O Fenômeno ultrapassou o lendário Gerd Müller com os três gols que marcou na Copa de 2006. Esta é a tabela dos 12 primeiros:

	JOGADOR	PAÍS	GOLS
1º	Ronaldo	Brasil	15
2º	Gerd Müller	Alemanha	14
3º	Just Fontaine	França	13
4º	Pelé	Brasil	12
5º	Klinsmann	Alemanha	11
	Kocsis	Hungria	11
7º	Batistuta	Argentina	10
	Cubillas	Perú	10
	Lineker	Inglaterra	10
	Lato	Polônia	10
	Rahn	Alemanha	10
	Klose	Alemanha	10

Por onde anda... **Félix**

O goleiro do tri, conquistado em 1970 no México, vive em São Paulo e coordena uma escolinha de futebol comunitária. Além deste trabalho orientado para crianças carentes, Felix também é preletor de palestras em empresas e faculdades.

Donos do banco **Ferreira Vianna Netto**

JOGOS	VITÓRIAS	EMPATES	DERROTAS
16	8	5	3

Ferreira Vianna Netto não foi feliz na estréia aos comandos da Seleção Brasileira. O técnico escalou os representantes para o Campeonato Sul-Americano de 1921, com muitas restrições, entre elas a impossibilidade de escolher jogadores de São Paulo. O primeiro encontro foi precisamente para o Sul-Americano, frente à Argentina, em Buenos Aires. Derrota por 1 x 0.

TÍTULOS	ANO
Copa Roca	1922
Taça Rodrigues Alves	1922

PRIMEIRO "ONZE"

Kuntz (Flamengo)
Telefone (Flamengo)
Barata (Fluminense)
Laís (Fluminense)
Afredinho (Botafogo)
Dino (Flamengo)
Zezé (Fluminense)
Candiota (Flamengo)
Nono (Flamengo)
Machado (Fluminense)
Orlando Torres (Flamengo)

Brasileirismos

"O escrete é a pátria de calções e chuteiras"

Nelson Rodrigues Escritor e dramaturgo

Totalista da Copa do Mundo

A Seleção Brasileira foi a única no planeta que esteve presente em todas as edições da Copa do Mundo, 18. O escrete lidera a tabela dos mais assíduos na competição mais importante do futebol mundial:

	PAÍS	COPAS
1º	Brasil	18
2º	Itália	16
3º	Argentina	14
4º	México	13
5º	Inglaterra	12
	França	12
	Espanha	12
8º	Suécia	11
9º	Uruguai	10
	República Federal da Alemanha	10

Hall da Fama **Gérson**

Gérson ganhou na estréia de verde e amarelo e contribuiu para a conquista da Taça Bernardo O´Higgins. A vitória, por 2 x 1, frente ao Chile, aconteceu no Estádio Nacional, em Santiago do Chile, sob o comando técnico de Aymoré Moreira. Gérson tinha apenas 19 anos.

JOGOS	VITÓRIAS	EMPATES	DERROTAS	GOLS
87	63	13	11	19

TÍTULOS	ANO
Medalha de Prata nos Jogos Pan-Americanos	1959
Taça Bernardo O´Higgins	1961
Taça Oswaldo Cruz	1961
Copa Roca	1963 e 1971
Copa Rio Branco	1968
Copa do Mundo	1970
Taça Independência	1972

Primeiras eliminatórias na Copa do Mundo

A primeira edição da Copa do Mundo com eliminatórias foi a de 1934. Mas o Brasil só foi submetido a essa fase de classificação na Copa de 1954. Os motivos foram vários: em 1934, o Paraguai, adversário do Brasil, desistiu, permitindo a qualificação brasileira; em 1938, Brasil e Argentina disputariam a vaga, mas mais tarde a FIFA considerou que o escrete estava classificado e determinou que a Argentina teria de disputar a qualificação contra Cuba; finalmente, em 1950, o Brasil não necessitou de entrar nas eliminatórias por ser o país organizador do torneio. Para a Copa de 1954, realizada na Suiça, o Brasil enfrentou o Chile e o Paraguai, se qualificando no 1º lugar do grupo só com vitórias e garantindo assim a vaga no torneio.

Os pentas **gremistas**

O Grêmio tem três jogadores entre os que conquistaram as cinco Copas do Mundo para o Brasil. Eis os nomes dos heróis:

JOGADOR	COPA
Everaldo	1970
Anderson Polga	2002
Luizão	2002

Nasce a CBD

A CBD (Confederação Brasileira de Desportos) – que mais tarde se transformaria em CBF (Confederação Brasileira de Futebol) – nasceu a 21 de junho de 1916. O processo não foi pacífico porque havia duas entidades rivais – a Federação Brasileira de Sports e a Federação Brasileira de Futebol – que reivindicavam o controle do futebol brasileiro. A intervenção do então ministro das Relações Exteriores, Álvaro Zamith, foi decisiva para que as duas entidades dessem origem a um só organismo. Estas foram as datas mais importantes do processo:

21 junho 1916
Assinatura do acordo para a criação da CBD

9 julho 1916
Filiação da CBD na Confederação Sul-Americana de Futebol

28 dezembro 1916
Alcançado o registro provisório junto da FIFA

20 maio 1923
Filiação definitiva da CBD na FIFA

Nacional e Centenário no topo

Estádio Centenário de Montevidéu (Uruguai) é o recinto mais utilizado no exterior em toda a história da Seleção Brasileira. Os estádios Sul-Americanos dominam a lista de lugares onde o escrete jogou mais vezes:

	ESTÁDIO	JOGOS
1º	Nacional de Santiago (Chile)	33
2º	Centenário de Montevidéu (Uruguai)	32
3º	Monumental de Buenos Aires (Argentina)	20
	Nacional de Lima (Peru)	20
5º	Jalisco de Guadalajara (México)	19
6º	Defensores del Chaco (Paraguai)	9
	Parque Central (Uruguai)	9
	Wembley (Inglaterra)	9
9º	Giuseppe Meazza (Itália)	7
10º	Club Gimnasio y Esgrima (Argentina)	6

Os pentas Bangu

O Bangu tem um jogador entre os que conquistaram as cinco Copas do Mundo para o Brasil: Zózimo conquistou o título em 1958 e em 1962.

Maradona canarinho

Em vésperas da Copa de 2006, os adeptos foram surpreendidos com imagens de Maradona envergando a camisa da Seleção Brasileira. Era um comercial do Guaraná Antarctica. Maradona foi canarinho durante 30 segundos: alinhado em campo, ao lado de Ronaldo e Kaká, antes de um jogo, o craque argentino surgia cantando o hino nacional. De repente, percebe-se que tudo não passava de um sonho, ou seria um pesadelo? Na imagem seguinte, Maradona acorda estremunhado, com a camiseta da Seleção Argentina, e confessa que talvez ande bebendo muito Guaraná Antarctica.

Mais vezes internacional olímpico

JOGADOR	JOGOS
1º Bebeto	30
2º Edinho	29
3º Carlos	25
4º Batista	24
5º Edson Boaro	23
6º Roberto Carlos	22
7º Jorginho	21
Ronaldinho Gaúcho	21
Alex	21
Zé Maria I	21

Nove substituições, 20 jogadores na mesma partida

Brasil 5 x 2 Seleção da Catalunha fica na história da Seleção Brasileira como a partida em que o escrete utilizou mais jogadores: 20. O jogo amistoso, realizado a 25 de maio de 2004 no Estádio Nou Camp em Barcelona, foi arbitrado pelo juiz espanhol Xavier Moreno. O técnico Carlos Alberto Parreira utilizou todos os jogadores disponíveis – quase duas equipes – naquele que foi o último teste para o confronto com a Argentina, pelas eliminatórias da Copa do Mundo de 2006. Estes foram os 20 jogadores que entraram em campo:

Marcos; Belleti (no intervalo Mancini), Luizão, Cris (no intervalo Fábio Luciano), Roberto Carlos (aos 60 minutos Júnior); Edmílson (no intervalo Gilberto Silva), Juninho Pernambucano (no intervalo Kléberson), Zé Roberto (no intervalo Edu) e Alex (aos 21 minutos Júlio Baptista); Ronaldinho Gaúcho (no intervalo Ricardo Oliveira) e Ronaldo (no intervalo Adriano)

Campeão do Mundo Estados Unidos 1994

Fase de grupos

GRUPO B

EQUIPE	PART.	V	E	D	GM-GS	PONT.
Brasil	3	2	1	0	6-1	7
Suécia	3	1	2	0	6-4	5
Rússia	3	1	0	2	7-6	3
Camarões	3	0	1	2	3-11	1

Convocados:
1 – Taffarel
2 – Jorginho
3 – Ricardo Rocha
4 – Ronaldão
5 – Mauro Silva
6 – Branco
7 – Bebeto
8 – Dunga
9 – Zinho
10 – Raí
11 – Romário
12 – Zetti
13 – Aldair
14 – Cafu
15 – Márcio Santos
16 – Leonardo
17 – Mazinho
18 – Paulo Sérgio
19 – Müller
20 – Ronaldo
21 – Viola
22 – Gilmar

Artilheiros:
5 gols – Romário
3 gols – Bebeto,
1 gol – Branco,
Márcio Santos
e Raí

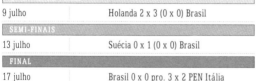

OITAVAS-DE-FINAL	
4 julho	U.S.A. 0 x 1 (0 x 0) Brasil

QUARTAS-DE-FINAL	
9 julho	Holanda 2 x 3 (0 x 0) Brasil

SEMI-FINAIS	
13 julho	Suécia 0 x 1 (0 x 0) Brasil

FINAL	
17 julho	Brasil 0 x 0 pro. 3 x 2 PEN Itália

TECNICO
Carlos Alberto Parreira

CAMPEAO DO MUNDO
Brasil

Uma brincadeira que valeu um corte

Emerson foi um dos cinco jogadores brasileiros cortados ao longo da história, em Copas do Mundo. O volante machucou o ombro nas vésperas do torneio. Na última meia-hora de um treino de reconhecimento do Estádio Munsu, em Ulsan, Emerson decidiu atuar no gol. Ao tentar defender um chute de Rivaldo, caiu sobre o ombro direito e fez uma luxação. O médico José Luís Runco examinou o atleta e previu quatro semanas de recuperação. A comissão técnica foi obrigada a chamar Ricardinho, do Corinthians, para substituir o então volante da Roma.

Troca bandeira

Em 1958, antes do início da Copa, quando a Seleção Brasileira chegou a Hindas, a cidade sueca reservada para a concentração do escrete, ninguém reparou num pormenor que mais tarde seria descoberto por Zagallo e Joel. Os dois atletas passeavam pelos jardins do hotel quando notaram que, entre as bandeiras hasteadas junto à entrada, não constava o estandarte do Brasil. Entre os símbolos dos 16 países representados na Copa, em vez da bandeira brasileira, estava o pavilhão de... Portugal, que nem sequer disputava a competição. Zagallo e Joel não perderam tempo e dirigiram-se de imediato à recepção do hotel para relatar a gafe. Com algumas dificuldades de comunicação – os jogadores não falavam inglês – lá conseguiram explicar o caso e provocar a substituição da bandeira. E assim ficou reposta a legalidade.

Mais vitórias na Copa do Mundo

	JOGADOR	VITORIAS
1º	Cafu	16
2º	Ronaldo	15
3º	Roberto Carlos	13
4º	Dunga	12
	Pelé	12
	Taffarel	12
7º	Didi	11
	Gilmar	11
	Lúcio	11
	Nílton Santos	11

Número direito por linhas tortas

O episódio já assumiu contornos de lenda mas nunca foi possível confirmá-lo oficialmente. Na Copa do Mundo de 1958, a comissão técnica do Brasil – que tinha tudo planejado até ao limite – se esqueceu de fornecer à FIFA os números das camisas dos jogadores. Confrontado com o problema, terá sido o uruguaio Lorenzo Vilizio, membro do comitê organizador da Copa, a definir a numeração de forma aleatória. Fato é que a lista final teve erros e acertos incríveis, entre os quais se destacam o goleiro Gilmar com a camisa 3 e Pelé com a camisa...10.

O dono da bola

Assim que o juiz apitou para o final do Brasil 5 x 2 Suécia, no Estádio Rasunda, e consagrou a Seleção Brasileira com o primeiro título mundial, o massagista Mário Américo voou, que nem uma seta, na direção do árbitro francês Maurice Guigue com um único objetivo: arrancar-lhe das mãos a bola do jogo. E antes que o juiz pudesse esboçar qualquer reação, Mário Américo desapareceu por entre a multidão que já invadira o campo para saudar os novos campeões. O "serviço" havia sido encomendado pelo Dr. Paulo Machado de Carvalho, presidente da delegação brasileira, ainda antes da final.

Os pentas são paulinos

O São Paulo é o clube brasileiro com mais jogadores entre os que conquistaram as cinco Copas do Mundo para o Brasil. Foram 13 atletas no total. Eis os nomes dos heróis:

JOGADOR	COPA
Mauro	1958
De Sordi	1958
Dino Sani	1958
Bellini	1962
Jurandir	1962
Gérson	1970
Zetti	1994
Cafu	1994
Leonardo	1994
Müller	1994
Belletti	2002
Rogério Ceni	2002
Kaká	2002

O fenômeno de 1970

A Seleção Brasileira de 1970 foi um fenômeno do futebol mundial difícil de igualar. Na Copa do Mundo o time venceu todos os jogos, incluindo os das eliminatórias, alcançando 12 vitórias (seis na qualificação e seis na fase final) com um total de 42 gols marcados e apenas nove sofridos. Mais: nove das 12 partidas foram ganhas por mais de um gol de diferença.

Pra lá de Osaka

Se considerarmos a sede da CBF, no Rio de Janeiro, como a casa da Seleção Brasileira, podemos dizer que Osaka foi a distância mais longa que o escrete já percorreu para realizar uma partida. Em agosto de 1997, a Seleção viajou 18 695 quilômetros para jogar um amistoso, frente ao Japão, no Estádio Nagai. O Brasil venceu, 3 x 0, com gols de Flávio Conceição (2) e Júnior Baiano (1). A longa viagem até ao Oriente, serviu para fazer apenas duas partidas: essa, frente ao Japão, e uma anterior na Coreia do Sul diante do anfitrião também com vitória (2 x 1).

Hall da Fama Garrincha

O gênio das pernas tortas vestiu pela primeira vez a camisa da Seleção Brasileira no Estádio do Maracanã, a 18 de setembro de 1955. Brasil e Chile disputavam a primeira partida da Taça Bernardo O´Higgins. Garrincha não marcou mas contribuiu para o empate, 1 x 1, sagrando-se assim vencedor do troféu já que, dois dias depois, o escrete venceu o segundo jogo. Curiosamente, apenas um ano e meio depois da estréia, Garrincha voltaria a representar a Seleção. Com a camisa canarinha, Garrincha perdeu apenas uma das 60 partidas realizadas.

JOGOS	VITÓRIAS	EMPATES	DERROTAS	GOLS
60	52	7	1	17

TÍTULOS	ANO
Taça Bernado O´Higgins	1955 e 1961
Taça Oswaldo Cruz	1962
Copa do Mundo	1958 e 1962
Copa Roca	1960

Uma viagem gorda

A Seleção Brasileira viajou a bordo do navio "Arlanza" para participar na Copa do Mundo de 1938, na França. Foram 15 cansativos dias de viagem com muitas preocupações. Apesar do regime de treinos efetuado no convés do navio, e estabelecido pelo técnico Ademar Pimenta, a verdade é que era difícil controlar o peso dos atletas. Romeu Pellicciari, jogador do Fluminense, um dos que tinha mais tendência a engordar, saiu do Brasil com 70 kg e desembarcou na França com 79 kg.

Máquina goleadora

A Seleção Brasileira que o técnico Telê Santana orientou para a Copa do Mundo de 1982, era uma verdadeira máquina de fazer gols. Antes do embarque para Espanha, o escrete realizou 32 jogos amistosos com um saldo impressionante: 24 vitórias, seis empates e apenas duas derrotas, com um total de 84 gols marcados e 20 contra. A Seleção Brasileira mostrava uma eficácia defensiva notável – não sofreu gols em 14 jogos – e um poder ofensivo ainda mais forte – apenas por uma vez não marcou gols, frente ao Chile, em Santiago. Na Copa do Mundo a mesma receita foi aplicada, mas a Seleção canarinha não resistiu à Itália de Paulo Rossi e falhou a classificação para a semi-final.

O gol descalço

Leônidas da Silva foi o único jogador brasileiro que marcou um gol descalço num jogo da Copa do Mundo. Foi na partida de estréia do Mundial de 1938, na França, frente à Polônia. A chuteira do Diamante Negro tinha arrebentado e o jogador preparava-se para trocá-la perto da área polonesa. Nesse momento, o goleiro adversário ia cobrar um tiro de meta e escorregou no momento do chute. Leônidas aproveitou o presente e atirou de primeira para o gol, com o pé descalço e ainda com a chuteira na mão. O Brasil venceu esta dramática partida por 6 x 5 após prorrogação.

O escrete na tela

Ao longo da história, a Seleção Brasileira foi alvo de vários documentários. Fosse por conquistas importantes ou por jogos marcantes, o escrete mereceu atenções na tela:

DOCUMENTÁRIO	ANO	DIRETOR
Brasil x Argentina	1908	Antônio Leal
Copa Roca	1939	Humberto Mauro
Copa 70	1970	Alberto Isaac
Brasil tricampeão – Copa de 1970	1974	Rogério Martins
Copa 78, o poder do futebol	1979	Maurício Sherman
Todos os corações do mundo: a paixão do futebol	1995	Murilo Salles
Coleção Brasil nas Copas	1998	Lance Vídeo
Guadalajara 70	2002	Felipe Nepomuceno
O dia em que o Brasil esteve aqui	2005	Caíto Ortiz

Os pentas **vascaínos**

O Vasco da Gama tem quatro jogadores entre os que conquistaram as cinco Copas do Mundo para o Brasil. Eis os nomes dos heróis:

JOGADOR	COPA
Bellini	1958
Orlando	1958
Vavá	1958
Ricardo Rocha	1994

Partida com mais gols

A partida entre Brasil e Polônia (6 x 5), para a Copa do Mundo de 1938, foi a que registrou mais gols de todas as que a Seleção Brasileira realizou na história dos mundiais. Os 13 452 espectadores presentes no Stade de La Meinau (França) assistiram a 11 gols, três deles marcados por Leônidas da Silva. Foi o primeiro jogo do Brasil na Copa de 1938, e logo com prorrogação porque no final dos 90 minutos a partida estava empatada (4 x 4).

Brasileirísmos

"Leônidas criou a bicicleta, jogada que despreza a lei da gravidade e comprova a teoria da relatividade"

José Roberto Torero Escritor

Taras e manias O "13" na Copa de 1974

A superstição de Mário Zagallo – então técnico da Seleção Brasileira - em torno do número 13, envolveu jogadores, torcida e até jornalistas. A Copa de 1974 começou no dia 13 de junho; os gols decisivos contra o Zaire foram marcados, o primeiro aos 13 minutos e o terceiro por Valdomiro, o camisa 13; a partida contra a Alemanha Oriental, que relançou todas as esperanças, foi no dia 26 (ou seja, duas vezes 13); o jogo frente à Argentina foi o 13º em campo neutro; antes do jogo com o Brasil, os holandeses haviam marcado 12 gols, e a preocupação tinha razão de ser porque a seleção laranja fez o 13º gol justamente contra o Brasil... autor? Neeskens, o camisa 13.

Por onde anda... **Sócrates**

Sócrates nasceu brasileiro, até no nome: Sócrates Brasileiro Sampaio de Souza Vieira de Oliveira. Foi um dos representantes mais importantes da fantástica Seleção de 1982. Fora de campo destacava-se como um dos raros futebolistas com curso superior (Medicina). Quando deixou de jogar, aproveitou esse capital para exercer a segunda profissão. Mora em Ribeirão Preto (SP) e escreve para jornais.

Times históricos

Finalista da Copa do Mundo 1950 — 16 julho 1950

| URUGUAI | 2 X 1 | BRASIL |

Técnico: Flávio Costa

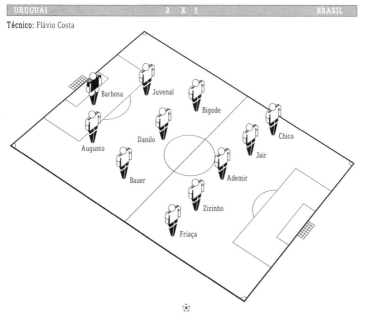

O primeiro bi

Em julho de 1999 o Brasil conquistou o primeiro bicampeonato da história na Copa América. A Seleção venceu, na final, o Uruguai por 3 x 0, em Assunção, Paraguai. O gol de Ronaldo, aos 36 minutos, fez a diferença. Dois anos antes, na Bolívia, o Brasil tinha quebrado um jejum de 40 anos ao bater, na final, a equipe da casa (3 x 1) com gols de Denilson, Ronaldo e Zé Roberto.

O elenco mais reduzido das Copas

A Copa do Mundo de 1934, na Itália, foi aquela em que o Brasil apresentou o elenco mais reduzido: apenas 17 jogadores. A guerra instalada entre a Federação Brasileira de Futebol e a Confederação Brasileira do Desporto (atual CBF) – ou seja, entre profissionais e amadores – foi a principal causa. Três dias antes da partida a CBD ainda tentou convencer cinco craques - Domingos da Guia, Mário, Ladislau, Jaguaré, Tunga e Amado. Os nomes foram publicados nos jornais e a CBD chegou até a colocá-los na lista dos 22 enviada para a FIFA, mas as propostas não agradaram aos jogadores e a Seleção embarcou apenas com 17 atletas.

Os pentas flamenguistas

O Flamengo tem sete jogadores entre os que conquistaram as cinco Copas do Mundo para o Brasil. Eis os nomes dos heróis:

JOGADOR	COPA
Zagallo	1958
Moacir	1958
Joel	1958
Dida	1958
Brito	1970
Gilmar	1994
Juninho Paulista	2002

Pérolas de Pelé na Copa de 1970

BRASIL 4 X 1 TCHECOSLOVAQUIA
Pelé chuta do meio-campo, o goleiro tcheco corre desesperado na direção do gol e a bola sai raspando a trave.

BRASIL 1 X 0 INGLATERRA
Jairzinho cruza e Pelé, com uma cabeçada forte e colocada no canto direito, permite a defesa antológica do goleiro Gordon Banks.

BRASIL 3 X 1 URUGUAI
Nunca ninguém havia presenciado um drible de corpo idêntico num campo de futebol. Pelé deixou o goleiro Mazurkiewicz pregado ao chão e no mesmo fôlego concluiu, mas a bola saiu caprichosamente ao lado.

BRASIL 4 X 1 ITÁLIA
Toque de gênio, milimétrico, para Carlos Alberto Torres marcar o quarto gol brasileiro na final da Copa do Mundo.

Taras e manias O Santo Antônio de Zagallo

À entrada para a Copa do Mundo de 1974, disputada na Alemanha, o técnico Mário Zagallo nem queria acreditar na sucessão de coincidências: o jogo de abertura entre Brasil e Iugoslávia estava marcado para um dia 13 - número da sorte do técnico - de junho, justamente o dia de Santo Antônio de Pádua, o santo da devoção de Zagallo. O selecionador carregava sempre ao pescoço uma medalhinha de ouro com a imagem do santo. As expectativas do técnico não se confirmaram: o Brasil empatou, 0 x 0.

Mais vezes internacional na Seleção principal

	JOGADOR	JOGOS
1º	Cafu	149
2º	Roberto Carlos	132
3º	Rivellino	121
4º	Pelé	114
5º	Djalma Santos	113
6º	Taffarel	108
7º	Leão	105
8º	Ronaldo	104
9º	Gilmar	102
	Jairzinho	102

Primeira vez em São Paulo

A primeira exibição da Seleção Brasileira, em São Paulo, aconteceu a 22 de outubro de 1922, no Parque Antártica. Foi a decisão da Copa Roca frente à Argentina. O time brasileiro foi preparado às pressas pela CBD (atual CBF) porque, no mesmo dia, a Seleção jogava a decisão do Campeonato Sul-Americano, frente ao Paraguai, no Rio Janeiro. Os dirigentes nunca pensaram chegar tão longe no Sul-Americano e por isso marcaram a final da Copa Roca para aquele dia. Apesar de ser a primeira partida da Seleção em São Paulo, o jornal "A Gazeta" garantiu que o público presente no Estádio do Parque Antártica não ultrapassou os 10 000 espectadores, fato que foi entendido como um protesto pela desorganização criada.

Técnicos mais rodados em Copas do Mundo

Mário Zagallo é o técnico brasileiro com mais jogos em Copas do Mundo. Ao todo são 20 partidas distribuídas por três torneios: 1970, 1974 e 1998. Telê Santana é 2º com metade dos jogos de Zagallo:

	TÉCNICO	JOGOS
1º	Mário Zagallo	20
2º	Telé Santana	10
3º	Vicente Feola	9
4º	Cláudio Coutinho	7
	Carlos Alberto Parreira	7
	Luiz Felipe Scolari	7
7º	Flávio Costa	6
	Aymoré Moreira	6
9º	Ademar Pimenta	5
10º	Sebastião Lazaroni	4

Preparador físico pioneiro

Paulo Amaral foi o primeiro preparador físico a integrar a comissão técnica numa Copa do Mundo, Suécia-1958. Num tempo em que a preparação física dos times estava reservada aos técnicos e auxiliares, Paulo Amaral surpreendeu com paixão e profissionalismo que dedicava à tarefa. Foi bicampeão do mundo, em 1958 e em 1962. A conquista da primeira Copa foi comemorada intensamente. Ficou famosa a volta olímpica que Paulo Amaral deu no Estádio Rasunda, em Estocolmo, após o jogo da final. O preparador físico correu empunhando a bandeira da Suécia, para homenagear o ótimo tratamento que os anfitriões deram à comitiva brasileira durante o torneio.

Único derrotado repetente

Telê Santana foi o único técnico da Seleção Brasileira derrotado numa Copa do Mundo que retornou no torneio seguinte. O Mestre dirigiu a equipe que perdeu o Mundial para a Itália, na Espanha, e voltou a comandar a Seleção quatro anos mais tarde, no México. A segunda passagem resultou em nova derrota, desta vez nos pênaltis, frente à França, fato que mereceu o rótulo de "pé frio" ao eterno Fio de Esperança.

O inventor da "Seleção Canarinha"

Geraldo José de Almeida, histórico narrador de rádio e TV nas décadas de 50 e 60, foi o autor da expressão "Seleção Canarinha". Aconteceu em 1958 quando o radialista fazia a cobertura da Copa da Suécia para a Rádio Pan-Americana (hoje Jovem Pan). Emocionado com a extraordinária campanha da Seleção naquele torneio – que resultou na conquista do primeiro título mundial – Geraldo José de Almeida inventou o bordão, alusivo ao novo uniforme do Brasil que havia sido criado quatro anos antes.

Donos do Banco Flávio Costa

Flávio Costa ficará marcado para sempre como o técnico da fatídica Copa de 1950. Mas será injusto julgá-lo apenas por isso porque Flávio também foi vencedor, nomeadamente de uma Copa América, uma Copa Roca e uma Copa do Atlântico, para citar apenas títulos conquistados ao serviço da Seleção. A estréia como técnico da canarinha aconteceu a 14 de maio de 1944, num amistoso realizado em São Januário, frente ao Uruguai. Nesse dia a Seleção de Flávio Costa goleou, 6 x 1, com este time:

TÍTULOS	ANO
Copa Roca	1945
Copa Rio Branco	1947
Campeonato Sul-Americano	1949
Taça Oswaldo Cruz	1956
Taça do Atlântico	1956

PRIMEIRO "ONZE"
- Oberdan (Palmeiras)
- Piolim (São Paulo)
- Begliomini (Corinthians)
- Zezé Procópio (São Paulo)
- Ruy (Fluminense)
- Noronha (São Paulo)
- Tesourinha (Internacional)
- Lelé (Vasco da Gama)
- Isaías (Vasco da Gama)
- Jair Rosa Pinto (Vasco da Gama)
- Lima (Palmeiras)

JOGOS	DERROTAS
60	11

VITÓRIAS	EMPATES
40	9

O gol que Pelé não marcou... mas marcou

Todos se recordam do magnífico chute de Pelé, do meio-campo, na Copa do Mundo de 1970 frente à Tchecoslováquia, e todos lamentam o fato de a bola não ter entrado na baliza. Pois 10 anos antes, o mesmo Pelé fez um chute muito semelhante que deu gol. Foi a 8 de maio de 1960, num amistoso frente ao Malmöe (Suécia). A Seleção Brasileira goleou 7 x 1, e Pelé marcou o 6º gol do Brasil.

Os dias com mais jogos

8, 16 e 21 de junho foram os dias do ano em que a Seleção Brasileira realizou mais partidas em toda a história. Em cada um desses dias, o Brasil jogou 13 vezes. Copa do Mundo e Copa América, duas competições habitualmente agendadas para estas datas, são as grandes contribuintes para este recorde:

DIA		JOGOS
1º	8 junho	13
	16 junho	13
	21 junho	13
4º	24 junho	12
5º	6 junho	11

O gol mais hilário

Terá sido o gol mais inusitado alguma vez sofrido pela Seleção Brasileira em toda a história. Aconteceu a 21 de novembro de 1965, no Maracanã, em partida amistosa diante da União Soviética. Perante um estádio lotado (113 000 espectadores), e com o resultado favorável ao Brasil (2 x 1), aconteceu o impensável: na marcação de um tiro de meta, o goleiro Manga conseguiu acertar a bola na nuca do jogador soviético Slava Matreveli. No retorno, a bola só parou no fundo do gol, estabelecendo o resultado final (2 x 2).

O fascínio francês pelo quarto 290

O quarto 290, do Chateau de Grande Romaine, em Lesigny, às portas de Paris, traz péssimas memórias a Ronaldo e à Seleção Brasileira. Foi ali que o atacante passou mal poucas horas antes da final da Copa do Mundo de 1998, frente à França. A convulsão sofrida por Ronaldo abalou toda a comitiva brasileira e é considerada, até hoje, como uma das principais causas para o fraco desempenho na final (pesada derrota por 3 x 0). Mais de 10 anos passados e o quarto do hotel tem hoje fins completamente diferentes. Desde 2005 que não recebe mais equipes de futebol, serve agora para hospedar crianças que vão visitar Paris ou a Eurodisney. O quarto 290, que albergou Ronaldo e Roberto Carlos, tem espaço para receber três crianças. O quarto virou atração turística para os novos visitantes.

Os primeiros "cortados" da Copa do Mundo

Às vésperas da I Copa do Mundo, em 1930, um desentendimento entre a Liga de São Paulo (Apea) e a Confederação Brasileira do Desporto (CBD, atual CBF), impediu que o Brasil levasse a melhor representação ao torneio. A CBD enviou para São Paulo a relação de jogadores paulistas convocados para a Copa, 15 ao todo. A Liga de São Paulo respondeu exigindo a presença de um representante seu na comissão técnica. A CBD negou o pedido e a Liga impediu a participação dos jogadores paulistas na Copa do Uruguai. Assim, podemos dizer que estes foram os primeiros jogadores cortados na Seleção Brasileira:

Clodô (São Paulo)
Athié (Santos)
Grané (Corinthians)
Del Debbio (Corinthians)
Pepe (Palestra Itália)
Filó (Corinthians)
Amílcar (Palestra Itália)
Araken (Santos) *
Friedenreich (São Paulo)
Petronilho de Brito (Sírio)
De Maria (Corinthians)
Heitor (Palestra Itália)
Luizinho (São Paulo)
Nestor (São Paulo)
Serafini (Palestra Itália)

* Araken acabou viajando com a comitiva porque estava sem contrato com o Santos e foi inscrito pelo Flamengo.

Partida mais comum em Copas do Mundo

A partida mais comum realizada em fases finais de Copas do Mundo é a que envolveu os times do Brasil e da Suécia. As duas seleções enfrentaram-se por sete vezes, ao longo das 18 edições, e a Seleção Brasileira nunca perdeu:

COPA	PARTIDA	FASE
1938	Brasil 4 x 2 Suécia	3º e 4º lugar
1950	Brasil 7 x 1 Suécia	ronda final
1958	Brasil 5 x 2 Suécia	final
1978	Brasil 1 x 1 Suécia	grupos
1990	Brasil 2 x 1 Suécia	grupos
1994	Brasil 1 x 1 Suécia	grupos
1994	Brasil 1 x 0 Suécia	semi-final

O inusitado campeão do mundo

Jair da Costa tem uma história muito particular na Seleção Brasileira. O ponta-direita foi campeão do mundo em 1962, na Copa do Chile, mas só tem uma internacionalização pelo Brasil. Tapado por Garrincha, o jogador nunca conseguiu impor-se no "onze" canarinho. Apenas no último amistoso de preparação para a Copa de 1962 teve a chance de atuar com a camisa amarela. Foi a 16 de maio de 1962, frente ao País de Gales (3 x 1), quando jogou no time titular e foi substituído no segundo tempo por... Garrincha. Após a Copa de 1962, Jair da Costa foi transferido para o Internazionale de Milão e deixou de fazer parte das opções canarinhas, como sempre acontecia nesse tempo com os jogadores que atuavam no exterior.

Os pentas santistas

O Santos é o 2º clube brasileiro com mais jogadores entre os que conquistaram as cinco Copas do Mundo para o Brasil. Foram 11 jogadores no total. Eis os nomes dos heróis:

JOGADOR	COPA
Gilmar	1962
Mauro	1962
Zito	1958 e 1962
Coutinho	1962
Pelé	1958, 1962 e 1970
Pepe	1958 e 1962
Mengálvio	1962
Carlos Alberto	1970
Clodoaldo	1970
Joel	1970
Edu	1970

Patada Atômica

Ainda na primeira fase da Copa do Mundo de 1970, no México, a Seleção Brasileira goleou a Checoslováquia por 4 x 1. Quando o Brasil perdia por 0 x 1, Rivellino marcou o gol do empate que iniciou a reviravolta no marcador. O gol surgiu da violenta cobrança de uma falta executada por Rivellino. Desde esse dia, os mexicanos passaram a tratar Rivellino pelo apelido de Patada Atômica.

Maracanã em números

O Estádio do Maracanã – onde a Seleção Brasileira fez mais jogos em toda a história – foi construído propositadamente para a Copa do Mundo de 1950. A 2 de agosto de 1948, um conjunto impressionante de homens, máquinas e materiais começaram a erguer aquele que durante muitos anos foi o maior estádio do mundo.

22
Meses de trabalho

4500
Operários

80 000
Metros cúbicos de concreto

500 000
Sacos de cimento

50 000
Metros quadrados de pedra

40 000
Metros cúbicos de areia

10 000
Toneladas de ferro

Campeão da Copa América **Brasil 1922**

Fase de grupos

GRUPO B						
EQUIPE	PART.	V	E	D	GM-GS	PONT.
Paraguai	4	2	1	1	5-3	5
Brasil	4	1	3	0	4-2	5
Uruguai	4	2	1	1	3-1	5
Argentina	4	2	0	2	6-3	4
Chile	4	0	1	3	1-10	1

Convocados:
Kuntz, Marcos de Mendonça, Palamone, Chico Netto, Barthô, Laís, Amílcar, Xingô, Fortes, Nesi, Formiga, Neco, Friedenreich, Zezé, Tatu, Heitor, Rodrigues, Juqueira

Artilheiros:
2 gols – Amílcar, Formiga e Neco
1 gol – Tatu

PLAY-OFF	
22 outubro	Brasil 3 x 0 Paraguai

GRANDE COMITE	CAMPEAO
Ferreira Vianna Neto, Célio de Barros e Amílcar Barbury	Brasil

Os primeiros estrangeiros

Sidney Pullen, do Flamengo (RJ) e Casemiro, do Mackenzie College (SP), foram os primeiros jogadores estrangeiros a vestirem a camisa da Seleção Brasileira. Pullen era um inglês, nascido em Southampton, que realizou cinco jogos pelo Brasil. Casemiro do Amaral era português, de Lisboa, e fez mais um jogo pela Seleção. Ambos foram convocados para a I edição do Campeonato Sul-Americano, em 1916 na Argentina.

Por onde anda... **Piazza**

Wilson Piazza brilhou na Copa de 1970, aquela em que o Brasil conquistou o tricampeonato. Hoje mora em Belo Horizonte acumulando as funções de líder sindical com as de comentarista esportivo, na capital mineira. Piazza também já foi vereador.

Únicos com a Jules Rimet

A Seleção Brasileira é a única no mundo que teve direito a ficar na posse definitiva da Taça Jules Rimet – troféu atribuído ao vencedor da Copa do Mundo até 1970 – consequência de ter conquistado o seu tricampeonato (1958, 1962 e 1970). A conquista definitiva da Jules Rimet levou a FIFA a instituir um novo troféu para o Mundial de 1974: a Copa Mundial da FIFA.

Seleção Gaúcha traz o Pan

Em março de 1956 a Seleção Brasileira partiu para o México buscando o Campeonato Pan-Americano, percursor do futebol nos Jogos Pan-Americanos. Devido a compromissos assumidos com uma excursão à Europa, a CBD (atual CBF) foi obrigada a escalar uma Seleção Gaúcha para representar o Brasil. Francisco Duarte Júnior, o popular "Teté" montou um time em volta dos jogadores do Internacional, mas também com atletas do Grêmio, Renner, Brasil-RS e Floriano. Ninguém botava muita fé na representação brasileira mas a garra e determinação dos gaúchos surpreendeu. O Brasil conquistou o título e tornou-se bicampeão do Pan-Americano com os seguintes resultados:

CAMPEONATO PAN-AMERICANO		
Brasil	2 x 1	Chile
Brasil	1 x 0	Peru
Brasil	2 x 1	México
Brasil	7 x 1	Costa Rica
Brasil	2 x 2	Argentina

Sexta-feira 13... dia de sorte!

Coincidência ou não, ao longo da história a Seleção Brasileira realizou apenas uma partida numa sexta-feira, dia 13. Foi em junho de 1997, frente à Costa Rica, em jogo a contar para a Copa América. Ao contrário do que os supersticiosos podiam prever – excetuando Mário Zagallo – aquele dia deu sorte ao escrete canarinho: uma goleada de 5 x 0. Com os seus gols, Djalminha, Ronald González (na própria baliza), Ronaldo e Romário provaram que o 13 não é, forçosamente, um mau presságio. Até porque esse jogo frente à Costa Rica foi o primeiro da edição 1997 da Copa América, que o Brasil havia de vencer.

Os números 13 da Copa América

COPA	JOGADOR
1979	Nelinho
1983	Paulo Roberto
1987	Jorginho
1989	Josimar
1991	Cafu
1993	Gil Baiano
1995	Rodrigo
1997	Djalminha
1999	Evanílson
2001	Alessandro
2004	Maicon
2007	Daniel Alves

Times históricos

Finalista da Copa do Mundo 1998 — 12 julho 1998

BRASIL 0 X 3 FRANÇA

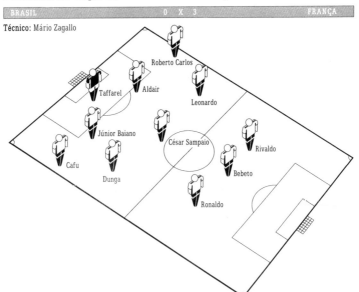

Técnico: Mário Zagallo

Gringos F. C.

Alguns jogadores com nomes ou apelidos relacionados com o estrangeiro que já vestiram a camisa da Seleção Brasileira:

JOGADOR	ANO
Alemão	1983
Castelhano	1920
China	1983
Chinesinho	1956
França	2000
Gringo	1935
Itália	1930
Japonês	1920
Pamplona	1925
Russo	1997
Sidnei	1986
Washington	2001

Primeira violação de Wembley

O Brasil foi a primeira seleção sul-americana a derrotar a congênere inglesa em Wembley, desde que o estádio foi inaugurado em 1923. A vitória do escrete aconteceu num amistoso realizado no dia 12 de maio de 1981. Zico marcou o único gol da partida, 1 x 0, perante 97 000 torcedores. A seleção inglesa resistiu durante 58 anos, até chegar Zico.

Preparação a bordo

"Conte Biancamano" foi o transatlântico que transportou a Seleção Brasileira até à Itália, para a Copa do Mundo de 1934. O navio, com capacidade para 1718 passageiros, demorou 12 dias até Gênova, com escala na cidade africana de Dacar. O técnico Luiz Vinhais implementou um esquema diário de preparação a bordo, para evitar relaxamentos: uma hora de ginástica e duas horas de natação na piscina do convés. O navio também aportou em Barcelona, para o embarque dos espanhóis – adversários do Brasil na Copa – e foi aí que os brasileiros jogaram uma pelada de 40 minutos num campo próximo ao Estádio Luigi Ferraris. O escrete chegou a Genova apenas 72 horas antes do primeiro encontro, com a Espanha. Como era fácil adivinhar, o resultado não foi o melhor, derrota por 3 x 1 e o adeus à Copa.

Técnicos de sempre

ANO	TREINADOR
1910 - 1919	
1914	Rubens Sales
1914	Sylvio Lagreca
1916	Sylvio Lagreca
1917	Sylvio Lagreca
1918	Amílcar Barbuy
1919	Haroldo Domingues
1920 - 1929	
1920	Sylvio Lagreca
1921	Laís
1922	Laís
1922	Abatte
1923	Ari de Almeida Rego
1925	Joaquim Guimarães
1928	Laís
1929	Laís
1930 - 1939	
1930	Píndaro de Carvalho
1931	Luis Vinhais
1932	Luis Vinhais
1934	Luis Vinhais
1934	Carlito Rocha
1934	Del Debbio

ANO	TREINADOR
1950 - 1959	
1950	Flávio Costa
1952	Newton Cardoso
1952	Zezé Moreira
1953	Aymoré Moreira
1954	Zezé Moreira
1955	Zezé Moreira
1955	Flávio Costa
1956	Flávio Costa
1957	Oswaldo Brandão
1957	Sylvio Pirillo
1957	Pedrinho
1958	Vicente Feola
1959	Vicente Feola

ANO	TREINADOR
1980 - 1989	
1980	Telê Santana
1981	Telê Santana
1982	Telê Santana
1983	Carlos Alberto Parreira
1984	Eduardo Antunes Coimbra
1985	Evaristo de Macedo
1986	Telê Santana
1987	Carlos Alberto da Silva
1988	Carlos Alberto da Silva
1989	Sebastião Lazaroni
1990 - 1999	
1990	Sebastião Lazaroni
1990	Paulo Roberto Falcão
1991	Paulo Roberto Falcão
1991	Ernesto Paulo
1991	Carlos Alberto Parreira
1992	Carlos Alberto Parreira
1993	Carlos Alberto Parreira
1994	Carlos Alberto Parreira
1995	Mário Jorge Lobo Zagallo
1996	Mário Jorge Lobo Zagallo
1997	Mário Jorge Lobo Zagallo

1935	Sylvio Lagreca	1998	Mário Jorge Lobo Zagallo
1936	Ademar Pimenta	1998	Vanderlei Luxemburgo
1937	Ademar Pimenta	1999	Vanderlei Luxemburgo
1938	Ademar Pimenta		

1940 - 1949

2000 - 2009

1940	Jaime Barcelos	2000	Vanderlei Luxemburgo
1942	Ademar Pimenta	2000	Candinho
1944	Flávio Costa	2000	Emerson Leão
1945	Flávio Costa	2001	Luiz Felipe Scolari
1946	Flávio Costa	2002	Luiz Felipe Scolari
1947	Flávio Costa	2003	Carlos Alberto Parreira
1948	Flávio Costa	2004	Carlos Alberto Parreira
1949	Flávio Costa	2005	Carlos Alberto Parreira
		2006	Carlos Caetano Bledorn Verri (Dunga)
		2007	Carlos Caetano Bledorn Verri (Dunga)
		2008	Carlos Caetano Bledorn Verri (Dunga)
		2009	Carlos Caetano Bledorn Verri (Dunga)

1960 - 1969

1960	Vicente Feola
1961	Aymoré Moreira
1962	Aymoré Moreira
1963	Aymoré Moreira
1964	Vicente Feola
1965	Vicente Feola
1966	Carlos Froner
1967	Aymoré Moreira
1968	Dorival Yustrich
1969	João Saldanha

2010 - 2019

2010	Carlos Caetano Bledorn Verri (Dunga)

1970 - 1979

1970	Mário Jorge Lobo Zagallo
1971	Mário Jorge Lobo Zagallo
1972	Mário Jorge Lobo Zagallo
1973	Mário Jorge Lobo Zagallo
1974	Mário Jorge Lobo Zagallo
1975	Oswaldo Brandão
1976	Oswaldo Brandão
1977	Cláudio Coutinho
1978	Cláudio Coutinho
1979	Cláudio Coutinho

O "nó tático" na própria garganta

Jogava-se a III edição da Copa das Confederações. Torneio que a FIFA oficializava em 1997, na Arábia Saudita. A Seleção Brasileira começou bem, com uma goleada, 3 x 0, frente aos donos da casa. Depois veio um empate, 0 x 0, diante da Austrália, comandada por Terry Venables. No final da partida, o técnico inglês vangloriou-se com o "nó tático" que havia conseguido dar na Seleção de Zagallo. Mas o destino ditou que Brasil e Austrália se reencontrassem na final. Aí, a 21 de dezembro, o Brasil já vencia por 3 x 0 no final do primeiro tempo. Completa a primeira hora de jogo, o placar subia para 6 x 0, e assim ficou na meia-dúzia até final. Três gols de Romário e mais três de Ronaldinho. A Seleção Brasileira ganhava mais um título inédito, e laçava o pescoço de Venables com um nó de seis pontas.

Brasileirísmos

"Já escrevi mais de 100 livros, mas ainda sou apontado na rua como o pai do Preguinho"

Coelho Neto Escritor e pai do jogador Preguinho, autor do primeiro gol brasileiro numa Copa do Mundo

Hall da Fama **Gilmar**

Com apenas 22 anos de idade, Gilmar estreou no gol do Brasil. Nesse dia 1 de março de 1953, o goleiro que haveria de ser bicampeão do mundo participou na goleada, 8 x 1, da Seleção Brasileira frente à Bolívia, em Lima (Peru) para o Campeonato Sul-Americano. Gilmar não jogou de início, entrou para o lugar de Castilho. Aliás, curiosamente o técnico Aymoré Moreira fez atuar os três goleiros nessa edição do Sul-Americano: Castilho, Barbosa e Gilmar.

JOGOS	VITORIAS	EMPATES	DERROTAS	GOLS
102	72	14	16	101

TITULOS	ANO
Taça Bernado O'Higgins	1955, 1959 e 1961
Taça Oswaldo Cruz	1955, 1958, 1961, 1962 e 1968
Taça do Atlântico	1956 e 1960
Copa Roca	1957, 1960 e 1963
Copa do Mundo	1958 e 1962

Primeira goleada

A primeira goleada da Seleção Brasileira aconteceu no Sul-Americano de 1917, disputado no Uruguai. O Brasil, comandado pelo Grande Comitê (Mário Pollo, R. Cristófaro e Chico Netto), bateu a Seleção do Chile por 5 x 0, no Estádio Parque Central (Montevidéu). Caetano (1), Neco (1), Haroldo (2) e Amílcar (1) fizeram o resultado. Seria a única vitória da Seleção no Sul-Americano desse ano, depois de duas derrotas frente à Argentina e ao Uruguai.

O presidente tricampeão

João Havelange é o único presidente de federações nacionais que venceu por três vezes a Copa do Mundo de futebol. O homem que passou 18 anos na presidência da CBD (atual CBF) – de 1958 a 1975 – ganhou as Copas de 1958, 1962 e 1970. Depois vem o atual presidente Ricardo Teixeira.

PRESIDENTE	COPAS	
1º João Havelange	3	1958, 1962 e 1970
2º Ricardo Teixeira	2	1994 e 2002

Oração do penta

Após a conquista do pentacampeonato, em 2002, a comitiva brasileira protagonizou um dos momentos mais comoventes jamais vistos em Copas do Mundo. Jogadores, comissão técnica e todos os membros da delegação, ajoelharam-se e abraçaram-se em volta do círculo central do Estádio de Yokohama, agradecendo a Deus o título que acabavam de conquistar. A iniciativa partiu de alguns jogadores integrantes do movimento "Atletas de Cristo", mas todos os membros da delegação acabaram participando na oração coletiva. Foi uma manifestação ímpar de fé. Daí para cá o gesto é repetido a cada conquista.

Primeira concentração

A primeira grande concentração da Seleção Brasileira para uma competição aconteceu em 1938. A CBD (atual CBF) autorizou que o time, comandado pelo técnico Ademar Pimenta, treinasse durante 30 dias em Caxambu, Minas Gerais. Relatos da época dão conta de alguns casos de indisciplina durante a concentração: jogadores e até o próprio técnico se renderam aos prazeres do vinho, mulheres e mesas de bacará.

Donos do Banco **João Saldanha**

João Saldanha, um dos mais destacados escritores de esportes que o Brasil já conheceu, tornou-se técnico da Seleção Brasileira em 1969. O jornalista conduziu o Brasil à Copa do México, em 1970, com um aproveitamento de 100%: seis vitórias nos seis jogos de qualificação. Saldanha devolveu a auto-estima à Seleção Brasileira depois da decepcionante campanha de 1966, na Inglaterra, mas já não esteve presente no Mundial de 1970. Desavenças internas e externas levaram à sua substituição por Mário Zagallo. A primeira partida de João Saldanha no banco da Seleção foi um amistoso entre Brasil e Peru a 7 de abril de 1969, no Estádio Beira-Rio em Porto Alegre, Rio Grande do Sul, estado onde Saldanha nasceu. O Brasil venceu, 2 x 1, com este time:

PRIMEIRO "ONZE"
Félix (Fluminense)
Carlos Alberto Torres (Santos)
Brito (Vasco da Gama)
Djalma Dias (Atlético Mineiro)
Rildo (Santos)
Wilson Piazza (Cruzeiro)
Gérson (Botafogo)
Jairzinho (Botafogo)
Dirceu Lopes (Cruzeiro)
Pelé (Santos)
Tostão (Cruzeiro)

JOGOS	DERROTAS
17	2

VITÓRIAS	EMPATES
14	1

O navio da Copa do Mundo

O navio italiano "Conte Verde" transformou-se numa espécie de ônibus coletivo das seleções participantes na Copa do Mundo de 1930. A embarcação saiu de Gênova no dia 20 de junho, com a delegação da Romênia a bordo. No dia seguinte ancorou em Villefranche-sur-Mer para recolher a Seleção Francesa e os dirigentes da FIFA, entre eles Jules Rimet. A paragem seguinte foi em Barcelona, onde apanhou a comitiva belga que havia viajado de trem para Espanha. O navio ainda teve paragens técnicas em Lisboa, Ilha da Madeira e Ilhas Canárias, antes de chegar ao Rio de Janeiro onde os brasileiros embarcaram. Nem todos, o técnico Píndaro de Carvalho e os jogadores Joel e Teóphilo só se juntaram ao grupo uma semana depois, devido a problemas particulares. No entanto, o navio ainda permaneceu dois dias no Rio de Janeiro, com direito a festa: as seleções estrangeiras visitaram as Laranjeiras (Estádio do Fluminense) e divertiram-se na noite dos cabarés cariocas. Dia 2 de julho foi a partida rumo ao Uruguai, com paragem em Santos para recolher Arakem Patusca, o único jogador paulista convocado.

O salvador da pátria

O dia 12 de julho de 1916 registrou um ato heróico de Sílvio Lagreca, jogador-treinador da Seleção Brasileira. O Estádio do Gimnasya y Esgrima preparava-se para receber a partida entre Brasil e Uruguai para o Sul-Americano. Os espectadores foram entrando mas, bem antes do início do encontro, a polícia fechou os portões e não permitiu a entrada de mais ninguém. Muitos adeptos com bilhete comprado ficaram fora do recinto. A multidão, indignada, tentou forçar a entrada, sem sucesso. Os mais revoltados começaram a lançar gasolina por baixo das arquibancadas e atearam fogo. As labaredas invadiram o interior do estádio e provocaram o pânico entre os adeptos já acomodados. Junto do gramado, as chamas foram consumindo algumas bandeiras de vários países participantes que estavam nos mastros. Os jogadores brasileiros encontravam-se no local, ainda com traje civil, e aperceberam-se de que a bandeira brasileira estava ameaçada. Foi então que Lagreca, o médio volante da Seleção, despiu o paletó e subiu ao topo do mastro para salvar o símbolo nacional. Lagreca ainda sofreu queimaduras mas conseguiu o objetivo. Assim que desceu, um polícia argentino ordenou-lhe que devolvesse a bandeira. O jogador disse que não e foi detido. Valeu a intervenção de Adolfo Orma, presidente da Associação Argentina de Futebol, para que a prisão fosse relaxada.

Brasileirísmos

"Djalma Santos põe, no arremesso lateral, toda a paixão de um Cristo Negro"

Nelson Rodrigues Dramaturgo e escritor

Os navios das Copas

As respectivas representações brasileiras viajaram para os locais das três primeiras Copas do Mundo de... navio. Para a história ficaram os nomes das três embarcações que transportaram os craques brasileiros:

COPA	LOCAL	NAVIO
1930	Uruguai	Conte Verde
1934	Itália	Conte Biancamano
1938	França	Arlanza

Samba no pé "Balé da Bola"

Gilberto Gil gravou duas músicas em homenagem à Selecção Brasileira: em 1998 "Balé da Bola"; em 2006 "Balé de Berlim". "Balé da Bola" é dos melhores exemplos no respeita à qualidade das músicas escritas para a Selecção Brasileira:

Quando meu olhar beijar Paris
Terei mais amor
Serei mais feliz
Sentirei no ar a emoção, no ar o ardor
Meu coração de torcedor
Esperou tanto tempo por esta ocasião
Que um dia o menestrel sonhou

Magos da bola na Cidade Luz
Fazem milagres, transmutações
Dores e horrores que a vida produz
São transformados no balé da bola
Suor e sangue no balé da bola
Crime e castigo no balé da bola

Quando a seleção marcar um gol
Serão séculos
E mais séculos
Desde que na velha China, no velho Japão
Jogava-se com um balão
E na antiga Grécia ou na França medieval

Quando a seleção marcar um gol
Serão séculos
E mais séculos
Transcorridos desde que os astecas e os tupis
Conforme a voz da lenda diz
Pelejavam com a lua-bola e o balão-sol
Num jogo de viver feliz

E hoje a bola rola mais perfeita
Esfera mágica, elevação
Nos pés dos ídolos deste planeta
Tem seu momento de consagração
A bola símbolo da perfeição
Tem seu momento de consagração

Quem lembrar Pelé ou Platini
Sabe o que se comemora aqui
Tantos que eu vi, tantos que eu não vi não
Todos tem aqui seu panteão

Composição: Gilberto Gil

Técnico mais duradouro

Flávio Costa foi o técnico que dirigiu a Seleção Brasileira durante mais anos, de forma ininterrupta. Foram seis anos de liderança – de 1944 a 1950 – em que venceu a Copa Roca (1945), a Copa América (1949) e chegou ao 2º lugar na Copa do Mundo de 1950. O técnico carioca ficaria marcado, para sempre, por esse resultado, a derrota na final frente ao Uruguai, em pleno Maracanã lotado. O primeiro jogo de Flávio Costa foi um amistoso a 14 de Maio de 1944, e o último aconteceu a 16 de Julho de 1950, justamente a final do Mundial frente ao Uruguai. Flávio Costa voltaria a dirigir a Seleção, em 1955, durante quase um ano, para conquistar a Copa do Atlântico.

Os números 13 da Copa do Mundo

COPA	JOGADOR
1954	Alfredo Ramos
1958	Moacir
1962	Bellini
1966	Denílson
1970	Roberto Miranda
1974	Valdomiro
1978	Nelinho
1982	Edevaldo
1986	Josimar
1990	Mozer
1994	Aldair
1998	Zé Carlos
2002	Belletti
2006	Cicinho

O quebra-ossos

Perácio, o artilheiro que formava dupla atacante com Leônidas da Silva na Copa do Mundo de 1938, foi protagonista de um lance que ficou na história das Copas. Durante a partida frente à Tchecoslováquia, pelas quartas-de-final, o jogador do Botafogo desferiu um chute tão forte à baliza adversária que o goleiro Planicka quebrou o braço e clavícula, prensados contra a trave. O jogo acabou empatado, 1 x 1, fato que obrigou a uma partida de desempate ganha pelo Brasil – 2 x 1 – já sem Planicka na baliza tcheca.

O segundo bi

O segundo bicampeonato conquistado pelo Brasil, na história da Copa América, teve um gosto especial: tanto em 2004 como em 2007, o adversário da final era o eterno rival Argentina. Em 2004, Carlos Alberto Parreira decidiu chamar uma espécie de 2º time, para testar valores emergentes, enquanto os argentinos apresentaram os pesos pesados. Numa final dramática, que se arrastou até aos pênaltis, o Brasil trouxe a Copa. Dois anos mais tarde, na Venezuela, novo encontro com os argentinos e nova vitória, desta vez inequívoca e dentro dos 90 minutos: 3 x 0.

O primeiro dinheirinho

A Copa do Mundo de 1938 foi aquela em que os jogadores brasileiros ganharam algo mais do que as passagens e a estada. Com o fim dos conflitos políticos entre amadores e profissionais, foram finalmente oferecidos aos jogadores os primeiros prêmios: a vitória valia 800 francos franceses e o empate 400 francos.

Por onde anda... Mauro Silva

Jogou 13 anos na Espanha mas preferiu voltar à pátria amada. O volante do tetra mora hoje em São Paulo, onde também trabalha no ramo imobiliário.

O reserva que virou campeão

Djalma Santos foi um dos casos mais curiosos da Copa do Mundo de 1958, na Suécia. O lateral disputou apenas a final, frente à equipe da casa (5 x 2). Nos cinco jogos anteriores foi reserva de De Sordi. No último jogo, De Sordi alegou uma indisposição e Djalma avançou, tendo inclusive sido escolhido como o melhor lateral da Copa.

O recorde de Zagallo

Mário Jorge Lobo Zagallo é o único cidadão do planeta a ganhar a Copa do Mundo quatro vezes. Zagallo conquistou dois torneios como jogador (1958 e 1962), um como técnico (1970) e outra como supervisor (1994).

Técnico de um jogo só

Ernesto Paulo protagonizou a passagem mais meteórica entre todos os técnicos que dirigiram a Seleção Brasileira: foi técnico num único jogo. A saída repentina de Paulo Roberto Falcão, após a Copa América de 1991, obrigou a CBF a improvisar. Ernesto Paulo, conhecido apenas no Rio de Janeiro, através do seu trabalho em divisões de base no Fluminense e no Flamengo, quase não teve tempo de saborear: a equipe se reuniu numa segunda-feira, viajou na terça para Cardiff e jogou um amistoso na quarta-feira contra o País de Gales (0 x 1). No regresso, Carlos Alberto Parreira foi anunciado como novo técnico e Ernesto continuou trabalhando para a CBF mas como responsável pela preparação da Seleção Olímpica.

Campeão da Copa América Brasil 1949

GRUPO B

EQUIPE	PART.	V	E	D	GM-GS	PONT.
Brasil	7	6	0	1	39-7	12
Paraguai	7	6	0	1	21-6	12
Peru	7	5	0	2	20-13	10
Bolívia	7	4	0	3	13-24	8
Chile	7	2	1	4	10-14	5
Uruguai	7	2	1	4	14-20	5
Equador	7	1	0	6	7-21	2
Colômbia	7	0	2	5	4-23	2

Convocados: Barbosa, Osvaldo Baliza, Augusto, Mauro, Wilson, Nílton Santos, Bauer, Bigode, Danilo Alvim, Ely do Amparo, Noronha, Ruy, Ademir Menezes, Canhotinho, Jair Rosa Pinto, Nininho, Octávio, Tesourinha, Zizinho, Simão, Cláudio

Artilheiros:
9 gols – Jair Rosa Pinto
7 gols – Ademir Menezes e Tesourinha
5 gols – Simão e Zizinho
3 gols – Cláudio Pinho e Nininho
2 gols – Orlando
1 gol – Augusto, Canhotinho, Danilo Alvim, Octávio e Arce (contra)

TÉCNICO	FINAL	CAMPEÃO
Flávio Rodrigues Costa	11 maio	Brasil 7 x 0 Paraguai	Brasil

Times históricos

Vencedor da Copa América 1919 – 29 maio 1919

BRASIL 1 X 0 **URUGUAI**

Comissão técnica Arnaldo da Silveira (capitão), Amílcar Barbuy, Mário Pollo, Affonso de Castro e Vianna Netto

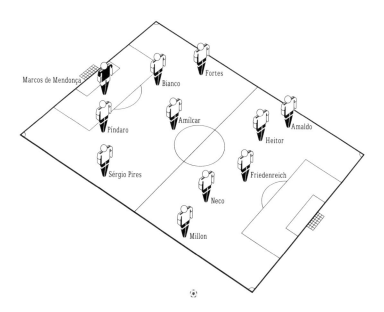

Pelé no banco de reservas

É difícil imaginar Pelé com outra camisa que não a 10. Mas isso já aconteceu. O melhor jogador de todos os tempos já vestiu a camisa 13 da Seleção Brasileira. Foi logo na estréia, a 7 de julho de 1957, no Maracanã frente à Argentina. Pelé ficou no banco e entrou depois para o lugar de Del Vecchio marcando o único gol da derrota brasileira (2-1). Treze anos mais tarde, voltou a vestir a camisa... 13. Foi num amistoso de preparação para a Copa de 1970, frente à Bulgária. Naquele dia, o técnico Mário Zagallo decidiu que a 10 seria de Tostão. Pelé entrou, no decorrer da partida, precisamente para o lugar de Tostão, mas não fez funcionar o placar (0 x 0).

Hall da Fama **Jairzinho**

Jairzinho está entre os jogadores brasileiros que ultrapassaram a barreira dos 100 jogos ao serviço da Seleção. Esta história de amor começou a 7 de junho de 1964, e logo com um gol, frente a Portugal. Nesse dia, Zagallo fez o último jogo pelo escrete e o Brasil goleou os portugueses, 4 x 1, no Maracanã, em partida a contar para a Taça das Nações. O atacante carioca marcou o primeiro de 42 gols com a camisa canarinha.

JOGOS	VITÓRIAS	EMPATES	DERROTAS	GOLS
102	73	16	13	42

TÍTULOS	ANO
Medalha de Ouro nos Jogos Pan-Americanos	1963
Copa Rio Branco	1968
Copa do Mundo	1970
Taça Independência	1972

Período de ouro

De 3 de junho de 2002 – partida com a Turquia (2 x 1) - a 27 de junho de 2006 – partida com o Ghana (3 x 0) - a Seleção Brasileira ganhou todos os jogos realizados em fases finais de Copas do Mundo. Foi a maior sequência de vitórias, 11, jamais obtida por uma seleção no torneio, com a conquista da Copa de 2002 pelo meio. A proeza é partilhada por dois técnicos, Luiz Felipe Scolari e Carlos Alberto Parreira. Este é o registro detalhado do período dourado:

COPA	JOGO	FASE	DATA
2002	Brasil 2 x 1 Turquia	grupos	03/06/02
2002	Brasil 4 x 0 China	grupos	08/06/02
2002	Brasil 5 x 2 Costa Rica	grupos	13/06/02
2002	Brasil 2 x 0 Bélgica	oitavas-de-final	17/06/02
2002	Brasil 2 x 1 Inglaterra	quartas-de-final	17/06/02
2002	Brasil 1 x 0 Turquia	meia-final	26/06/02
2002	Brasil 2 x 0 Alemanha	final	30/06/02
2006	Brasil 1 x 0 Croácia	grupos	13/06/06
2006	Brasil 2 x 0 Austrália	grupos	18/06/06
2006	Brasil 4 x 1 Japão	grupos	22/06/06
2006	Brasil 3 x 0 Ghana	oitavas-de-final	27/06/06

Taras e manias Vidrinhos de água benta

Na Copa do Mundo de 1974, um torcedor fez chegar uma encomenda ao diretor da CBF, com o objetivo de levar sorte à comitiva. O pacote foi acompanhado de um telegrama com o seguinte texto: "Coronel Eric Tinoco, peço-lhe a fineza de fazer chegar aos nossos jogadores esses vidrinhos com água benta da Igreja de Santa Rita de Cássia, santa da minha devoção, a quem fiz promessas para ajudar a nossa seleção a voltar vitoriosa dos campos da Alemanha. Os jogadores deverão se benzer com esta água antes de entrar em campo. Agradecido, Sebastião Pereira da Silva". O Brasil acabou a Copa no 4º lugar.

Presidentes de sempre

NOME	DATA
Alvaro Zamith	20/11/1915 a 04/11/1916
Arnaldo Guinle	04/11/1916 a 08/01/1920
Ariovisto de Almeida Rêgo	08/01/1920 a 16/04/1921
José Eduardo de Macedo Soares	16/04/1921 a 26/01/1922
Oswaldo Gomes	26/01/1922 a 26/01/1924
Ariovisto de Almeida Rêgo	26/01/1924 a 20/06/1924
Wladimir Bernardes	26/06/1924 a 19/12/1924
Oscar Rodrigues da Costa	19/12/1924 a 13/10/1927
Renato Pacheco	13/10/1927 a 23/09/1933
Alvaro Catão	23/09/1933 a 05/09/1936
Luiz Aranha	05/09/1936 a 28/01/1943
Rivadávia Correa Mayer	28/01/1943 a 14/01/1955
Sylvio Correa Pacheco	14/01/1955 a 14/01/1958
João Havelange	14/01/1958 a 10/01/1975
Heleno de Barros Nunes	10/01/1975 a 18/01/1980
Giulite Coutinho	18/01/1980 a 17/01/1986
Octávio Pinto Guimarães	17/01/1986 a 16/01/1989
Ricardo Terra Teixeira	16/01/1989 a ...

Primeira vitória na Copa do Mundo

A primeira vitória do escrete numa Copa do Mundo aconteceu a 14 de julho de 1930, na I edição do torneio. Em pleno Estádio Centenário de Montevidéu (Uruguai), o Brasil goleou a Bolívia, 4 x 0. Moderato (2) e Preguinho (2) fizeram o placar final.

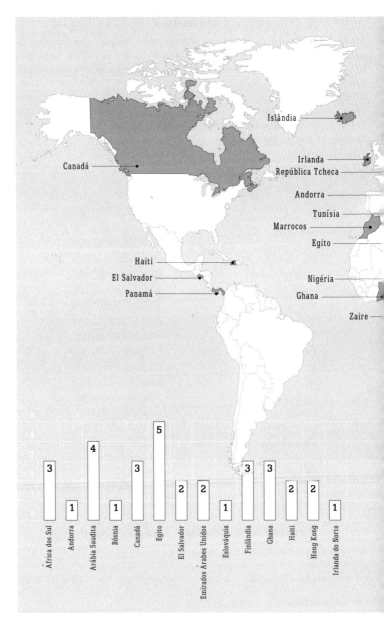

Só vitórias

Há 29 seleções nacionais no planeta contra as quais o Brasil venceu todos os jogos que realizou. Entre esses 29 países, há representantes dos cinco continentes. Conheça o mapa invicto da Selecção Brasileira:

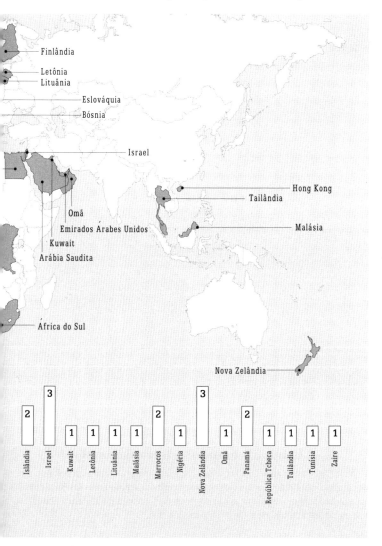

Primeiro empate em Copas

O Brasil foi protagonista do primeiro empate sem gols numa Copa do Mundo, frente à Inglaterra, em 1958. O 0 x 0 aconteceu no dia 11 de junho, no Estádio Nya Ullevi em Gotemburgo, ainda na primeira fase da competição, e deixou os jogadores meio perdidos em campo, achando que o juiz daria uma prorrogação. Apesar do empate, a Seleção Brasileira conquistou o primeiro título mundial, na final, frente à Suécia (5 x 2).

Brasileirismos

*"Tostão driblava em silêncio, em silêncio passava,
em silêncio fazia o gol"*

Armando Nogueira Jornalista

Corpo Humano F. C.

Alguns jogadores com nomes ou apelidos relacionados com o corpo humano que já vestiram a camisa da Seleção Brasileira:

JOGADOR	ANO
Bigode	1949
Cabeção	1954
Careca	1983
Carlos Alberto Pintinho	1977
Cuca	1991
Fortes	1919
Magrão	2004
Médio	1939
Nariz	1937
Pequeno	1957

Primeiro amistoso internacional

A Seleção Brasileira realizou o primeiro amistoso internacional em setembro de 1914, em Buenos Aires, frente à Argentina. Os jogadores brasileiros, que viajaram a bordo do navio "Alcântara", foram derrotados pelos atletas dos Pampas por 3 x 0.

Samba no pé "Meu canarinho"

O sambista e compositor Luiz Ayrão fez uma das músicas de maior sucesso para a Seleção Brasileira. "Meu canarinho" foi a trilha sonora da torcida para a Copa de 1982, obtendo o "Disco de Prata". Pena foi que Paolo Rossi tenha estragado a empolgante festa criada por Luiz Ayrão.

Meu canarinho, minha beija-flor
Me dá notícias do meu grande amor
Que foi embora e nunca mais voltou
Meu canarinho, minha beija-flor

Já faz um tempo que ela me deixou
E aos pouquinhos tudo aqui mudou
Volta pra casa minha linda flor
Meu canarinho, minha beija-flor

Até o pássaro nunca mais cantou
Até a rosa do jardim murchou
Fiquei chorando e chorando estou
Meu canarinho, minha beija-flor

Composição: Luiz Ayrão

Donos do Banco **Luiz Felipe Scolari**

JOGOS	VITÓRIAS	EMPATES	DERROTAS
26	19	1	6

O gaúcho aceitou o cargo, em 2001, com a missão de classificar o time para a Copa de 2002 e chegar ao penta. Os objetivos foram alcançados a 100%. A famosa "família" do "sargentão" começou a formar-se no dia 1 de julho de 2001. O jogo frente ao Uruguai, no Estádio Centenário de Montevidéu, marcava o início da caminhada para o Mundial. E a prova de que as primeiras impressões podem enganar, ficou bem patente nesse encontro, com uma derrota por 1 x 0, e com a convocação de... Romário. Felipão começava mal as eliminatórias para a Copa, com esta equipe:

PRIMEIRO "ONZE"
Marcos (Palmeiras)
Cafu (Roma)
Cris (Cruzeiro)
Antônio Carlos (Roma)
Roberto Carlos (Real Madrid)
Roque Júnior (Milan)
Emerson (Roma)
Juninho Paulista (Vasco da Gama)
Rivaldo (Barcelona)
Elber (Bayern Munique)
Romário (Vasco da Gama)

TÍTULOS	ANO
Copa do Mundo	2002

Por onde anda... **Júnior**

Continuamos a vê-lo, regularmente, nos estádios de futebol, mas na qualidade de comentarista. Passou pela Rede Record, em 2005, e voltou à Rede Globo de Televisão, no Rio de Janeiro, onde se mantém como comentarista da SporTV. O lateral e meio-campista da inesquecível Seleção de 1982, mantém intacto o prestígio.

Times históricos

Vencedor da Copa América 1922 — 22 outubro 1922

BRASIL	3 X 0	PARAGUAI

Comissão técnica Amílcar Barbuy (capitão), Ferreira Vianna Netto, Célio de Barros

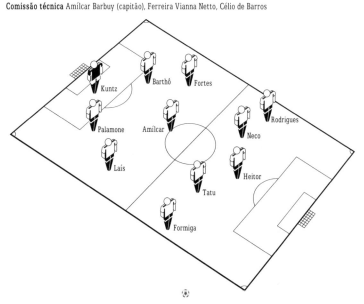

Bem dito ABC supersticioso

O Brasil enfrentava a Argentina na decisão de mais uma Copa América, a de 2004, disputada no Peru. Antes do encontro, em Lima, o supervisor técnico Mário Zagallo proferiu mais uma das suas pérolas supersticiosas: "Brasil Campeão tem treze letras e Argentina vice também tem treze letras". Não deu outra, o Brasil venceu, nos pênaltis mas venceu.

Donos do Banco **Mário Zagallo**

Em março de 1970, Mário Zagallo assumiu o comando técnico da Seleção Brasileira rumo ao tricampeonato do mundo conquistado no México. Mas o "Velho Lobo" já tinha dirigido o Brasil, na qualidade de técnico, quase três anos antes. Foi a 19 de setembro de 1967, num amistoso realizado em Santiago do Chile frente à Seleção local. O Brasil venceu essa partida, 1 x 0, com o seguinte time:

TÍTULOS	ANO
Copa do Mundo	1970
Copa Roca	1971
Taça Independência	1972
Copa Stanley Rous/Umbro	1995
Tormeio Pré-Olímpico	1996
Copa América	1997
Copa das Confederações da FIFA	1997

PRIMEIRO "ONZE"
Manga (Botafogo)
Moreira (Botafogo)
Zé Carlos (Botafogo)
Leônidas (Botafogo)
Paulo Henrique (Flamengo)
Denilson (Fluminense)
Gérson (Botafogo)
Paulo Borges (Bangu)
Mário (Bangu)
Roberto Miranda (Botafogo)
Paulo César Lima (Botafogo)

JOGOS	DERROTAS
133	9

VITÓRIAS	EMPATES
97	25

Brasileirísmos

"Foi em Rivellino que me mirei para jogar. Até hoje tenho na memória seu drible perfeito, seu passe preciso e seu chute indefensável"

Diego Maradona Ex-jogador e treinador da seleção argentina

Primeiro amarelo

O primeiro jogador brasileiro a ver um cartão amarelo foi Gérson. O então atleta do São Paulo foi admoestado no jogo de estréia do Brasil, na Copa do México (1970), frente à Tchecoslováquia (4 x 1). O árbitro Ramón Ruiz, do Uruguai, também ficou na história como o juiz que mostrou o primeiro cartão amarelo a um jogador do Brasil. A introdução dos cartões amarelos e vermelhos surgiu precisamente na Copa de 1970. A estréia aconteceu no primeiro encontro da prova entre México e União Soviética.

Mais gols em finais da Copa do Mundo

A Seleção Brasileira venceu a final de Copa do Mundo com mais gols da história. Em 1958, na Suécia, o escrete goleou a seleção anfitriã por 5 x 2 e conquistou o primeiro título mundial. Vavá (2), Pelé (2) e Zagallo (1) fizeram os gols do Brasil. Na decisão de 1970, a Seleção Brasileira também conseguiu vencer a final com uma diferença de três gols – 4 x 1 – frente à Itália. Esta é a tabela das finais com mais gols:

	COPA	FINAL	GOLS
1º	1958	Brasil 5 x 2 Suécia	7
2º	1930	Uruguai 4 x 2 Argentina	6
	1938	Itália 4 x 2 Hungria	6
	1966	Inglaterra 4 x 2 República Federal da Alemanha	6
5º	1970	Brasil 4 x 1 Itália	5
	1954	República Federal da Alemanha 3 x 2 Hungria	5
	1986	Argentina 3 x 2 República Federal da Alemanha	5
8º	1962	Brasil 3 x 1 Tchecoslováquia	4
	1982	Itália 3 x 1 República Federal da Alemanha	4

Por onde anda... Éder

É impossível esquecer o famoso pontapé-canhão que Éder pôs ao serviço da Seleção Brasileira, nomeadamente na Copa de 1982. O mesmo pontapé ainda faz as delícias dos que assistem hoje ao futebol masters, praticado por Éder. Mas os negócios do ex-ponta-esquerda circulam por outros caminhos: é empresário no ramo de postos de combustível e representante de óleo lubrificante. Também podem ouvi-lo em sábios comentários na Rede Globo/Minas.

Colorido F. C.

Alguns jogadores com nomes ou apelidos relacionados com cores que já vestiram a camisa da Seleção Brasileira:

JOGADOR	ANO
Bianco	1919
Brilhante	1930
Branco	1994
Escurinho	1955

Primeira Copa ao vivo e a cores

A Copa de 1970, que consagrou o Brasil como tricampeão do Mundo, foi o primeiro grande evento esportivo internacional exibido ao vivo para todo o país. A outra novidade foi a realização das primeiras transmissões em cores no país, ainda em caráter experimental. O evento teve uma audiência recorde de 25 milhões de telespectadores.

⚽

Mais jogos na Copa América

	JOGADOR	JOGOS
1º	Zizinho	33
2º	Taffarel	25
3º	Djalma Santos	22
4º	Roberto Carlos	21
5º	Ademir Menezes	18
	Aldair	18
	Cafu	18
	Dunga	18
	Jair Rosa Pinto	18

⚽

Hall da Fama Leão

O goleiro recordista de presenças em Copas do Mundo estreou na baliza canarinha com apenas 20 anos e logo frente à Argentina. A partida era amistosa mas Leão enfrentou quase 100 000 espectadores no Estádio do Maracanã, a 8 de março de 1970. Sofreu um gol que não foi suficiente para impedir a vitória do Brasil, 2 x 1. O técnico João Saldanha testava as várias opções para a Copa do Mundo, no entanto mais tarde, Mário Zagallo haveria de escolher Félix como goleiro titular da Copa.

JOGOS	VITORIAS	EMPATES	DERROTAS	GOLS
105	64	30	11	69

TITULOS	ANO
Copa do Mundo	1970
Taça Independência	1972
Taça do Atlântico	1976
Taça Oswaldo Criz	1976
Torneio Bicentenário dos EUA	1976

Massacre no Pacaembu

Foi a maior goleada de todos os tempos imposta pelo Brasil a uma seleção nacional: 10 x 1 frente à Bolívia. A partida aconteceu no dia 10 de abril de 1949, no Estádio do Pacaembu (São Paulo) e contava para o Campeonato Sul-Americano. Perante 40 000 espectadores, a Seleção Brasileira construiu o placar por Nininho (3), Zizinho (2), Cláudio (2), Simão (2) e Jair Rosa Pinto (1). O Brasil de 1949 era uma verdadeira máquina goleadora já que, uma semana antes havia presenteado o Equador – também pelo Sul-Americano – por 9 x 1, e na mesma competição ainda impôs mais quatro goleadas: Colômbia (5 x 0), Peru (7 x 1), Uruguai (5 x 1) e Paraguai (7 x 0). A Seleção Brasileira conquistou nesse ano o Sul-Americano.

Campeão da Copa América Brasil 1989

1ª Fase de Grupos

GRUPO A

EQUIPE	PART.	V	E	D	GM-GS	PONT.
Paraguai	4	3	0	1	9-4	9
Brasil	4	2	2	0	5-1	8
Colômbia	4	1	2	1	5-4	5
Perú	4	0	3	1	4-7	3
Venezuela	4	0	1	3	4-11	1

2ª Fase de Grupos

EQUIPE	PART.	V	E	D	GM-GS	PONT.
Brasil	3	3	0	0	6-0	9
Uruguai	3	2	0	1	5-1	6
Argentina	3	0	1	2	0-4	1
Paraguai	3	0	1	2	0-6	1

Convocados:

1 – Taffarel
2 – Mazinho
3 – Mauro Galvão
4 – André Cruz
5 – Branco
6 – Ricardo Gomes
7 – Bebeto
8 – Geovanni
9 – Valdo
10 – Tita
11 – Romário
12 – Acácio
13 – Josimar
14 – Aldair
15 – Alemão
16 – Cristóvão
17 – Dunga
18 – Renato Gaúcho
19 – Baltazar
20 – Silas
21 – Müller
22 – Zé Carlos

Artilheiros:
6 gols – Bebeto
3 gols – Romário
1 gol – Baltazar e Geovanni

TECNICO
Sebastião Lazaroni

CAMPEAO
Brasil

Brasileiro com mais Copas

Mário Zagallo é o cidadão brasileiro mais vezes presente em Copas do Mundo com a Seleção do Brasil. Ao todo foram sete representações, quatro delas com o título de campeão do mundo:

COPA	CARGO	RESULTADO
1958	Jogador	Campeão
1962	Jogador	Campeão
1970	Treinador	Campeão
1974	Treinador	4º lugar
1994	Coordenador técnico	Campeão
1998	Treinador	Vice-Campeão
2002	Coordenador técnico	Campeão

Maiores artilheiros da Seleção Olímpica

	JOGADOR	GOLS
1º	Ronaldinho Gaúcho	16
2º	Romário	15
3º	Sávio	14
4º	Bebeto	13
5º	Gérson	11
6º	Alex	8
7º	Kaká	7
8º	Ronaldo	6
9º	Juninho Paulista	5
	Robinho	5

Copa de 1938 em direto

A primeira Copa do Mundo disputada na Europa e acompanhada ao vivo, pelo rádio, no Brasil foi a de 1938. Leonardo Gagliano Neto, o locutor mais conceituado da época, narrou a partir da França os jogos da Seleção, através de uma rede de emissoras de São Paulo e do Rio de Janeiro, lideradas pela carioca Rádio Clube do Brasil. A voz forte e a dicção perfeita de Gagliano Neto foram fundamentais para compensar o ruído provocado pelos deficientes recursos técnicos de então. Nas cidades foram instalados alto-falantes em lugares estratégicos para que os torcedores pudessem acompanhar as partidas. Existiam cerca de 350 000 aparelhos receptores no Brasil, mas esse era um privilégio apenas ao alcance dos mais abastados.

Samba no pé "Pagode da Seleção"

Já tinham passado 16 anos sobre o sucesso "Povo Feliz", quando Júnior voltou a homenagear a Seleção. A letra do pagode fazia referência aos jogadores em quem a torcida depositava esperanças na conquista do penta. A intenção da música só esbarrou na final, frente à França, e por isso ficou conotada como mais uma música "pé frio".

Não é mole não, não
Não é mole não, não
Esse pagode que é tão gostoso
E o pagode da Seleção

Ronaldinho no pandeiro
Aldair na marcação
Eu já fui o partideiro
Hoje é o Flávio Conceição
Futebol não tem escola
Veja que categoria
Nosso time toca a bola
E também toca bateria

Cafu no reco-reco
Edmundo no agogô
Batucando no caneco
Júnior Bahiano chegou
E mostrando seu talento
Dessa vez no tamborim
O Romário, de repente,
Fez o seu batuque assim

Só tem sobra nesse time
Denílson é de arrasar
Só batuca gente bamba
Só se joga pra ganhar
Vamos lá, rapaziada
Dunga, faça a marcação
Vamos juntos de mãos dadas
Todos num só coração

Composição: Alceu do Cavaquinho e Júnior

Hall da Fama **Nílton Santos**

O verdadeiro dono da lateral esquerda brasileira, presente em quatro Copas do Mundo, começou o romance com a canarinha com uma goleada: 5 x 0, frente à Colômbia, para o Campeonato Sul-Americano, a 17 de abril de 1949. O técnico Flávio Costa não o escalou como titular nessa partida, Nílton Santos entrou para o lugar de Augusto, mas não demorou muito tempo a impor o seu futebol. Jogou 13 anos no escrete e foi bicampeão do mundo.

JOGOS	VITORIAS	EMPATES	DERROTAS	GOLS
86	65	11	10	4

TITULOS	ANO
Campeonato Sul-Americano	1949
Taça Oswaldo Cruz	1950, 1955 e 1961
Copa Rio Branco	1950
Campeonato Pan-Americano	1952
Taça Bernardo O´Higgins	1955 e 1961
Taça do Atlântico	1956 e 1960
Copa do Mundo	1958 e 1962

Donos do Banco
Píndaro de Carvalho Rodrigues

O ex-jogador do Flamengo foi o técnico escolhido para dirigir a Seleção Brasileira na I Copa do Mundo da história (Uruguai-30). Píndaro de Carvalho Rodrigues não foi feliz com a conjuntura – divergências entre a CBD (Confederação Brasileira do Desporto, atual CBF) e a Apea (Liga de São Paulo) – e foi obrigado a prescindir de jogadores paulistas. O Brasil perdeu logo o primeiro jogo em Montevidéu, frente à Iugoslávia (1 x 2) – a 14 de julho de 1930 - e foi eliminado da Copa uruguaia na primeira fase. Este foi o "onze" de estréia:

PRIMEIRO "ONZE"
Joel (América)
Brilhante (Vasco da Gama)
Itália (Vasco da Gama)
Hermógenes (América)
Fausto (Vasco da Gama)
Fernando Giudicelli (Fluminense)
Poly (Americano)
Nilo (Botafogo)
Araken (CBD)
Preguinho (Fluminense)
Theófilo (São Cristóvão)

JOGOS	VITORIAS	EMPATES	DERROTAS
5	4	-	1

Hall da Fama **Leônidas da Silva**

Leônidas da Silva encheu a barriga logo na estréia pela Seleção Brasileira. O Diamante Negro não marcou mas participou da goleada ao Andarahy do Rio de Janeiro, 7 x 2, num amistoso disputado no Estádio das Laranjeiras a 27 de novembro de 1932. O técnico Luiz Augusto Vinhais foi quem apadrinhou a estréia do então jogador do Bonsucesso. Foi um dos 10 jogos em que Leônidas não marcou qualquer gol, do total de 38 que realizou com a camisa do escrete.

JOGOS	VITORIAS	EMPATES	DERROTAS	GOLS
38	21	8	9	38

TITULOS	ANO
Copa Rio Branco	1932
Copa Roca	1945

Times históricos

Vencedor da Copa América 1949 – 11 maio 1949

BRASIL	7 X 0	PARAGUAI

Técnico: Flávio Rodrigues Costa

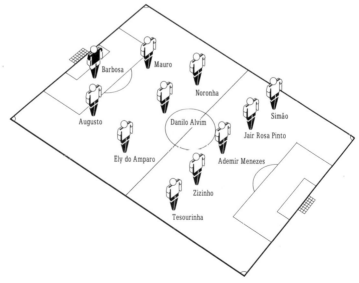

Campeão da Copa América **Paraguai 1999**

Fase de Grupos

GRUPO B						
EQUIPE	PART.	V	E	D	GM-GS	PONT.
Brasil	3	3	0	0	10-1	9
México	3	2	0	1	5-3	6
Chile	3	1	0	2	3-2	3
Venezuela	3	0	0	3	1-13	0

Convocados:

1 – Dida	12 – Marcos	**Artilheiros:**
2 – Cafu	13 – Evanílson	5 gols– Ronaldo e
3 – Odvan	14 – César	Rivaldo
4 – Antônio Carlos	15 – João Carlos	4 gols– Amoroso
5 – Emerson	16 – Serginho	1 gol – Alex,
6 – Roberto Carlos	17 – Marcos Paulo	Emerson e
7 – Amoroso	18 – Flávio Conceição	Ronaldinho Gaúcho
8 – Vampeta	19 – Beto	
9 – Ronaldo	20 – Christian	
10 – Rivaldo	21 – Ronaldinho Gaúcho	
11 – Alex	22 – Zé Roberto	

QUARTAS-DE-FINAL		TECNICO
11 julho	Brasil 2 x 1 Argentina	Vanderlei Luxemburgo

SEMI-FINAIS		
13 julho	Brasil 2 x 0 México	

FINAL		CAMPEÃO
18 julho	Brasil 3 x 0 Uruguai	Brasil

O cúmulo do azar na "Geração Zico"

Na Copa do Mundo de 1986, a última grande oportunidade para a "Geração Zico", ficou mais uma vez provado que nem a sorte nem a justiça acompanharam os jogadores e o técnico Telê Santana. Nas quartas-de-final, frente à França, o escrete levou a partida para a disputa de pênaltis. O equilíbrio durou até ao fim, mas um erro do juiz romeno Ioan Igna foi decisivo no desfecho da eliminatória: Bruno Bellone bateu um dos pênaltis, a bola encontrou as costas do goleiro Carlos, no caminho de volta, e entrou. O árbitro confirmou erradamente o gol. Dias mais tarde, a FIFA emitia um comunicado informando que o juiz romeno se havia equivocado. Mas o estrago estava feito.

Hall da Fama **Pelé**

A primeira vez do rei aconteceu frente ao eterno rival, a Argentina e no estádio mais apetecível, o Maracanã, pela Copa Roca. Sylvio Pirillo ficou na história como o primeiro técnico a escalar aquele que mais tarde viria a ser consagrado como o melhor jogador do mundo. Pelé tinha apenas 16 anos e 257 dias de vida quando entrou para o lugar Del Vecchio aos 65 minutos de jogo. O rei não foi feliz nessa partida, a Seleção Brasileira perdeu 1 x 2, mesmo assim Pelé foi o autor do gol brasileiro, aproveitando um rebote de Armadeo Carrizo.

JOGOS	VITÓRIAS	EMPATES	DERROTAS	GOLS
114	84	16	14	95

TÍTULOS	ANO
Copa Roca	1957 e 1963
Copa do Mundo	1958, 1962 e 1970
Taça Oswaldo Cruz	1958, 1962 e 1968
Taça Bernardo O'Higgins	1959
Taça Atlântico	1960

Os pentas **portugueses**

A Portuguesa tem três jogadores entre os que conquistaram as cinco Copas do Mundo para o Brasil. Eis os nomes dos heróis:

JOGADOR	COPA
Djalma Santos	1958
Jair da Costa	1962
Zé Maria	1970

Os vermelhos do... Brasil

No Campeonato Sul-Americano de 1917 a Seleção Brasileira usou pela primeira vez camisas... vermelhas. O fato ocorreu em dois jogos, frente a Uruguai e Chile, porque estas duas equipes também tinham uniformes de cor branca, tal como o Brasil. Antes das duas partidas foi realizado um sorteio e coube à Seleção Brasileira trocar a camisa. Os dirigentes tiveram que comprar camisas na única loja de material esportivo que existia em Montevidéu, onde havia apenas uniformes de cor vermelha.

Treinadores com mais jogos

TREINADOR	JOGOS
1º Zagallo	158
2º Parreira	120
3º Vincente Feola	75
4º Flavio Costa	59
5º Aymore Moreira	57
6º Telê Santana	55
7º Luxemburgo	54
8º Carlos Alberto Silva	46
9º Claudio Coutinho	44
10º Sebiastão Lazaroni	35

Samba no pé "Povo feliz"

Foi um dos maiores sucessos de vendas do gênero. "Povo feliz", mais conhecida como "Voa, canarinho", tornou-se o hino da Seleção Brasileira para a Copa do Mundo da Espanha, em 1982. Mas o que deu projeção à música foi o fato de ter sido gravada por Júnior, lateral da Seleção nessa Copa. O jogador nem sequer esqueceu de dar uma "sambadinha" durante a comemoração do gol que marcou frente à Argentina, popularizando ainda mais a música.

Voa, canarinho voa
Mostra pra esse povo que és um rei

Voa, canarinho voa
Mostra lá na França o que eu já sei

Verde, amarelo, azul e branco
Forma o pavilhão do meu país
O verde toma conta do meu canto
O amarelo, azul e branco
Fazem o meu povo feliz

E o meu povo toma conta do cenário
Faz vibrar o meu canário
Enaltece o que ele faz
Bola rolando e o mundo se encantando
Com a galera delirando

Composição: Nonô e Memeco

Campeão do Mundo **Coreia/Japão 2002**

Fase de grupos

GRUPO C

EQUIPE	PART.	V	E	D	GM-GS	PONT.
Brasil	3	3	0	0	11-3	9
Turquia	3	1	1	1	5-3	4
Costa Rica	3	1	1	1	5-6	4
RP China	3	0	0	3	0-9	0

Convocados:

1 – Marcos
2 – Cafu
3 – Lúcio
4 – Roque Júnior
5 – Edmilson
6 – Roberto Carlos
7 – Ricardinho
8 – Gilberto Silva
9 – Ronaldo
10 – Rivaldo
11 – Ronaldinho
12 – Dida
13 – Belletti
14 – Anderson Polga
15 – Kleberson
16 – Júnior
17 – Denilson
18 – Vampeta
19 – Juninho Paulista
20 – Edilson
21 – Luizão
22 – Rogério Ceni
23 – Kaká

Artilheiros:
8 gols – Ronaldo
5 gols – Rivaldo
2 gols – Ronaldinho Gaúcho
1 gol – Edmílson, Júnior e Roberto Carlos

OITAVAS-DE-FINAL
17 junho — Brasil 2 x 0 (0 x 0) Bélgica

QUARTAS-DE-FINAL
21 junho — Inglaterra 1 x 2 (1 x 1) Brasil

SEMI-FINAIS
26 junho — Brasil 1 x 0 (0 x 0) Turquia

FINAL
30 junho — Alemanha 0 x 2 (0 x 0) Brasil

TÉCNICO
Luiz Felipe Scolari

CAMPEÃO DO MUNDO
Brasil

"Futebol é bom prá cachorro!"

"Futebol é bom prá cachorro!" é o título de um dos livros mais bem-humorados sobre a participação da Seleção Brasileira em Copas do Mundo. O escritor José Roberto Torero relata as aventuras de personagens fictícios cujos destinos se cruzam a partir de 1930, em função das Copas. Todos se encontram em 1998 (França) para chorarem a derrota na final mas, como diz o autor: "se é verdade que uma meia dúzia de tolos briga por causa do futebol, muito maior é o número dos que se tornam amigos por causa dele".

Pelé marca o centésimo

Pelé foi o autor do centésimo gol da Seleção Brasileira em Copas do Mundo. Aconteceu frente à Itália, no torneio de 1970 disputado no México. Dois fatos contribuíram para perpetuar ainda mais este gol histórico: foi apontado de cabeça, fato pouco habitual em Pelé; e foi marcado na final da Copa. O gol de Pelé foi o primeiro da goleada do Brasil, 4 x 1, sobre os italianos, que garantiu o tricampeonato. Foi marcado a 21 de junho, no Estádio Azteca, na Cidade do México.

Hall da Fama **Rivaldo**

Rivaldo marcou o gol da vitória do Brasil na estréia pela Seleção canarinha (1 x 0). Foi a 16 de dezembro de 1993, num amistoso frente ao México em Guadalajara. Rivaldo, escalado no time titular por Carlos Alberto Parreira, faturou logo aos 16 minutos de jogo. Era o início de uma década gloriosa ao serviço da Seleção, coroada com conquista da Copa do Mundo em 2002.

JOGOS	VITÓRIAS	EMPATES	DERROTAS	GOLS
78	49	17	12	37

TÍTULOS	ANO
Copa Umbro	1995
Medalha de Bronze nos Jogos Olímpicos	1996
Copa das Confederações da FIFA	1997
Copa América	1999
Copa do Mundo	2002

O dentista bicampeão do mundo

Mário Trigo foi o dentista de serviço da Seleção Brasileira nas Copas de 1958, 1962, 1966 e 1970. O médico foi o grande responsável por mostrar aos atletas que problemas dentários podiam debilitar todo o corpo e causar, principalmente, demora na recuperação de lesões. Apenas na Copa do Mundo de 1958, o Dr. Trigo extraiu 118 dentes de 33 pessoas, entre jogadores e comissão técnica. Ainda antes do embarque para a Suécia, arrancou 14 dentes a um só jogador. Mário Trigo foi o único cirurgião-dentista a viajar com a delegação brasileira e a receber as faixas de campeão juntamente com os atletas, em 1958 e 1962. O médico também ficou conhecido pela contagiante boa disposição que trazia ao grupo de trabalho, tornando-se numa espécie de amuleto da Seleção.

Artilheiros além

Conheça os maiores artilheiros brasileiros de

COPA AMÉRICA

Zizinho
17 gols em 27 jogos
(1942, 1945, 1946, 1949, 1953)

ELIMINATÓRIAS PARA COPA DO MUNDO

Romário
11 gols em 7 jogos
(1989, 1993, 2001)

Zico
11 gols em 11 jogos
(1977, 1981, 1985)

JOGOS PAN-AMERICANOS

Aírton
11 gols em 4 jogos
(1963)

COPA DAS CONFEDERAÇÕES

Ronaldinho Gaúcho
9 gols em 13 jogos
(1999, 2003, 2005)

JOGOS OLÍMPICOS

Bebeto
8 gols em 11 jogos
(1988, 1996)

COPA ROCA

Leônidas da Silva
7 gols em 9 jogos
(1939, 1940, 1945)

TAÇA OSWALDO CRUZ

Pelé
6 gols em 5 jogos
(1958, 1962, 1968)

da Copa do Mundo

outras competições, para além da Copa do Mundo

COPA RIO BRANCO

Ademir Menezes
5 gols em 7 jogos
(1946, 1947, 1950)

TAÇA DO ATLÂNTICO

Zico
4 gols em 5 jogos
(1976)

CAMPEONATO PAN-AMERICANO

Chinesinho
4 gols em 3 jogos
(1956)

Baltazar
4 gols em 5 jogos
(1952)

Larry
4 gols em 5 jogos
(1956)

TAÇA BERNARDO O'HIGGINS

Pelé
3 gols em 2 jogos
(1959)

Quarentinha
3 gols em 2 jogos
(1959)

COPA OURO

Sávio
3 gols em 4 jogos
(1996)

Caio
3 gols em 4 jogos
(1996)

Kaká
3 gols em 5 jogos
(2003)

Romário
3 gols em 5 jogos
(1998)

Bis nas Confederações

Apenas nove jogadores brasileiros são bicampeões da Copa das Confederações. Os heróis dividem os títulos entre as edições de 1997, 2005 e 2009:

JOGADOR	ANO
Dida	1997 e 2005
Zé Roberto	1997 e 2005
Lúcio	2005 e 2009
Gilberto Silva	2005 e 2009
Robinho	2005 e 2009
Kaká	2005 e 2009
Maicon	2005 e 2009
Juan	2005 e 2009
Luisão	2005 e 2009

Maicon de Hollywood

Maicon Douglas Sisenando, o lateral-direito titular da atual seleção brasileira, ganhou o nome através de um fato curioso: o pai do jogador, fã de cinema, quis homenagear o ator norte-americano Michael Douglas dando ao filho o mesmo nome. Mas no momento do registro, o escrivão entendeu mal e escreveu "Maicon" em vez de "Michael". E assim ficou, Maicon Douglas.

Brasileirismos

"A Seleção, substantivo feminino, tem, como a mulher, o insondável poder de virar a cabeça do homem que a conquista"

Armando Nogueira Jornalista

Por onde anda... Bebeto

Aquele que é um dos heróis do tetra mora no Rio de Janeiro, apesar de ter nascido em Salvador (BA). A primeira coisa que fez quando abandonou o futebol foi escrever um livro: "Você também pode ser feliz". Bebeto é casado com Denise Oliveira, tem dois filhos – Mattheus (a quem homenageou após a comemoração de um gol na Copa de 1994) e Roberto. Hoje trabalha como empresário de jogadores.

Apelidos com história

JOGADOR	APELIDOS
Ademir Menezes	Queixada
Amarildo	O Prossesso
Baltazar	Cabecinha de Ouro / Artilheiro de Deus
Carlos Alberto Torres	Capitão do Tri
Castilho	Leiteria
Dário	Dadá Maravilha
Didi	Termómetro da Copa / Príncipe Etíope
Domingos da Guia	Divino Mestre
Falcão	Rei de Roma
Friedenreich	El Trigre
Garrincha	Mané / Gênio das Pernas Tortas / Anjo das Pernas Tortas
Gérson	Canhotinha de Ouro
Gilmar	Girafa
Jairzinho	Furação
Josimar	Sir Josi
Júnior	Capacete
Leônidas da Silva	Diamante Negro / Rei da Bicicleta / Homem da Borracha
Nelinho	Canhão
Nilton Santos	A Enciclopédia
Pelé	Rei do Futebol
Rivellino	Patada Atômica / Garoto do Parque
Roberto Dimanite	Bob Dinamite
Romário	Baixinho
Ronaldo	Fenômeno
Serginho	Chulapa
Sócrates	Doutor / Magrão
Tostão	Fera de Ouro
Vavá	Peito de Aço / Leão da Copa
Zico	Galinho de Quintino
Zizinho	Mestre Ziza

Santos só à VI

O Santos foi o último dos grandes clubes brasileiros a contar com representantes em Copas do Mundo. Apenas na VI edição, Suécia-1958, a Seleção Brasileira teve a contribuição do clube paulista. Pelé, Pepe e Zito foram os três jogadores santistas presentes na Suécia.

Donos do Banco **Sebastião Lazaroni**

JOGOS	VITORIAS	EMPATES	DERROTAS
35	21	7	77

O homem que quase inventou um dialeto próprio – o lazaronês – ficou marcado pelo fracasso na Copa do Mundo de 1990. Poucos se lembram que o técnico carioca guiou a Seleção à conquista da Copa América em 1989, 40 anos depois do último título. Sebastião Lazaroni começou a carreira na Seleção Brasileira com vários amistosos. O primeiro foi a 15 de março de 1989, no Estádio José Fragelli, em Cuiabá, frente ao Equador (1 x 0). O "onze" apresentado foi substancialmente diferente daquele que Lazaroni levou, um ano mais tarde, à Copa de Itália-90:

PRIMEIRO "ONZE"

Acácio (Vasco da Gama)
Jorginho (Flamengo)
Batista (Atlético Mineiro)
André Cruz (Ponte Preta)
Eduardo (Fluminense)
Uidemar (Goiás)
Geovani (Vasco da Gama)
Toninho (Portuguesa dos Desportos)
Bebeto (Flamengo)
Washington (Guarani)
Zinho (Flamengo)

TÍTULOS	ANO
Copa América	1989

Por onde anda... **Gérson**

Um dos responsáveis pelo tri, em 1970, é hoje um respeitado comentarista esportivo da Rádio Globo-AM e também da TV. Gérson nasceu em Niterói (Rio de Janeiro) onde ainda vive.

Primeiro jogador a ter merchandising

Leônidas da Silva foi o primeiro jogador brasileiro objeto de merchandising. O fato aconteceu após a Copa de 1938, realizada na França, na qual Leônidas foi o artilheiro da competição – com oito gols – e contribuiu para o 3º lugar conquistado pelo escrete. No regresso ao Brasil, Leônidas foi eleito o jogador mais popular do país num concurso realizado pelo Cigarro Magnólia. Foi nessa altura que virou marca de chocolate. A iguaria "Diamante Negro" – apelido do jogador – criada pela Lacta, é até hoje o chocolate líder de mercado, rendendo na época 20 contos de réis ao jogador. Leônidas da Silva também ganhou fortunas, pagas pelas grandes redes de lojas, para permanecer no interior dos estabelecimentos e assim atrair os clientes.

El Tigre

Arthur Friedenreich, paulista filho de um comerciante alemão e de uma lavadeira negra brasileira, foi a primeira grande estrela do futebol no Brasil. Num tempo em que ainda reinava o amadorismo, Friedenreich esteve presente na primeira partida da Seleção Brasileira em 1914, frente ao Exeter City, ganhou a Copa Roca e foi bicampeão Sul-Americano (1919 e 1922). No jogo decisivo de 1919, frente ao Uruguai, marcou o gol da vitória após duas partidas de 90 minutos e mais duas prorrogações de 30 minutos cada. No final da partida, o comandante do ataque brasileiro recebeu um pergaminho das mãos do capitão uruguaio, com os seguintes dizeres: "Nós, os componentes da seleção uruguaia, concedemos ao senhor Arthur Friedenreich, o título de El Tigre por ser o mais perfeito centroavante do campeonato Sul-Americano". Friedenreich chorou.

⚽

Times históricos

Vencedor da Copa América 1997 – 29 julho 1997

| BRASIL | 3 X 1 | BOLÍVIA |

Técnico: Mário Zagallo

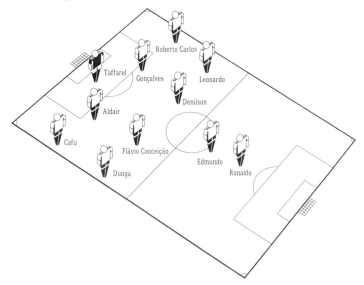

Imagem de marca nos cinco continentes

O continente americano foi aquele em que a Seleção Brasileira realizou mais partidas, 704. Para o fato contribuem os mais de 350 jogos realizados só no Brasil, até ao momento. Logo a seguir na lista dos continentes com mais jogos vem a Europa.

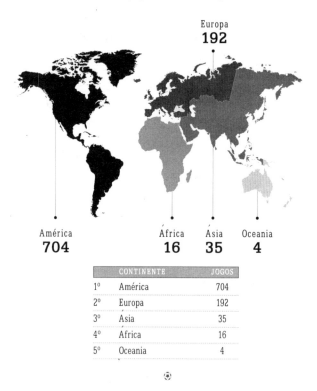

	CONTINENTE	JOGOS
1º	América	704
2º	Europa	192
3º	Ásia	35
4º	África	16
5º	Oceania	4

Comovente declaração de amor

"Regina, eu te amo!". Foi esta a frase proferida por Cafu, o capitão da Seleção Brasileira, após receber a Taça FIFA, na final do Mundial de 2002. O lateral-direito emocionou o mundo com esta declaração de amor pública à mulher, Regina, e com outra referência ao Jardim Irene, o modesto bairro da periferia paulista onde morou. Era a resposta de Cafu aos críticos que acusaram os jogadores da Seleção, que atuavam no exterior, de voltarem as costas às origens.

Primeiro pênalti defendido em Copas

Veloso foi o primeiro goleiro do planeta a defender um pênalti numa Copa do Mundo. Aconteceu em 1930, no Uruguai. Veloso garantiu a inviolabilidade do gol canarinho na vitória de 4 x 0 sobre a Bolívia, em jogo disputado no Estádio Centenário a 14 de julho.

Goleiros na Copa do Mundo

GOLEIROS	COPA
Joel (América-RJ) e Velloso (Fluminense-RJ)	Uruguai-1930
Pedrosa (Botafogo-RJ) e Germano (Botafogo-RJ)	Itália-1934
Batatais (Fluminense-RJ) e Valter (Flamengo-RJ)	França-1938
Barbosa (Vasco da Gama-RJ) e Castilho (Fluminense-RJ)	Brasil-1950
Castilho (Fluminense-RJ), Veludo (Fluminense-RJ) e Cabeção (Corinthians-SP)	Suíça-1954
Gilmar (Corinthians-SP) e Castilho (Fluminense-RJ)	Suécia-1958
Gilmar (Santos-SP) e Castilho (Fluminense-RJ)	Chile-1962
Gilmar (Santos-SP) e Manga (Botafogo-RJ)	Inglaterra-1966
Felix (Fluminense-RJ), Ado (Corinthians-SP) e Leão (Palmeiras-SP)	México – 1970
Leão (Palmeiras-SP), Renato (Flamengo-RJ) e Waldir Peres (São Paulo-SP)	Alemanha-1974
Leão (Palmeiras-SP), Waldir Peres (São Paulo-SP) e Carlos (Ponte Preta-SP)	Argentina-1978
Waldir Peres (São Paulo-SP), Carlos (Ponte Preta-SP) e Paulo Sérgio (Botafogo-RJ)	Espanha-1982
Carlos (Corinthians-SP), Paulo Victor (Fluminense-RJ) e Leão (Palmeiras-SP)	México-1986
Taffarel (Internacional-RS), Zé Carlos (Flamengo-RJ) e Acácio (Vasco da Gama-RJ)	Itália-1990
Taffarel (Reggiana), Zetti (São Paulo-SP) e Gilmar (Flamengo-RJ)	EUA-1994
Taffarel (Atlético-MG), Dida (Cruzeiro-MG) e Carlos Germano (Vasco da Gama-RJ)	França-1998
Marcos (Palmeiras-SP), Dida (Corinthians-SP) e Rogério Ceni (São Paulo-SP)	Japão/Coreia-2002
Dida (Milan), Rogério Ceni (São Paulo-SP) e Júlio César (Internazionale)	Alemanha-2006

Goleadas gémeas

O futebol tem destas ironias: com uma diferença de exactos 39 anos, a Seleção Brasileira goleou a Seleção Italiana por duas vezes. 21 de junho foi o dia comum aos dois resultados: em 1970, na final da Copa do Mundo, o escrete garantiu o título com uns explícitos 4 x 1; em 2009, na Copa das Confederações, nova goleada e com a mesma diferença de gols, 3 x 0.

Bellini de bronze

Bellini, o capitão da Seleção campeã do mundo em 1958, tem uma estátua em uma das entradas do Maracanã. O fato fez com que a referida entrada ficasse popularmente conhecida como "Entrada do Bellini". A estátua em bronze, autoria do artista plástico Matheus Fernandes e presente de um empresário carioca, foi inaugurada a 13 de novembro de 1960, com o objetivo de homenagear os campeões do mundo de 1958. O monumento, que virou um símbolo do estádio, mostra o capitão erguendo a Taça Jules Rimet com a mão direita, e uma bola de futebol na mão esquerda.

Brasileirísmos

"Pelé, jogai por nós!"

Manchete de jornal no dia da final da Copa de 1970

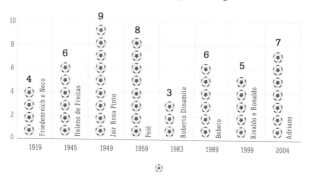

Primeira substituição

A primeira substituição de um jogador da Seleção Brasileira em partidas oficiais ocorreu a 22 de outubro de 1922, na decisão da Copa Roca, frente à Argentina. Leite de Castro, jogador do Botafogo, chocou com o zagueiro Adolfo Celli, sofrendo uma convulsão cerebral. Brasileiro, de Minas Gerais, entrou para o lugar de Leite Castro. O Brasil acabou levando a taça por 2 x 1.

Samba no pé "Balé de Berlim"

"Balé de Berlim" (2006) foi a segunda homenagem de Gilberto Gil à Seleção Brasileira, depois de "Balé da bola" (1998). Gil era ministro da Cultura e já não compunha há dois anos quando escreveu este samba, retratando a Seleção como símbolo da cultura nacional.

Nossa seleção chega a Berlim
Numa perna só
Moleque saci
Uma perna só jogando por tantos milhões
De corações de curumins
Uma perna só pra tantos olhos e pulmões
Tantos estômagos e rins
Tantos fígados

Nossa seleção chega a Berlim
Traz um protetor
Senhor do Bonfim
Traz um protetor no amor que integra essa nação
Amor de pai, de mãe, de irmão
Traz um protetor no amor ao mar, amor ao sol
Amor aos dias de verão
E o carnaval

O carnaval não mata a fome
Nem mata a sede o São João
Mas nem só de pão vive o homem
Por isso viva a seleção

Nossa seleção chega a Berlim
Perder ou ganhar
Será sempre assim
Será sempre a vibração no ar, no ar o ardor
Meu coração de torcedor
Guardará sempre a lembrança de uma ilusão
E o nome de um jogador

Beckenbauer
Bauer
Barbosa
Bobo
Bobby Charlton
Puskas
Bellini
Eto´o

Viva Pelé!
Viva Mané!

Composição: Gilberto Gil

Hall da Fama **Rivellino**

Roberto Rivellino fez a estréia no escrete a 16 de novembro de 1965, num amistoso frente ao Arsenal de Londres. A dupla técnica formada por José Teixeira e Oswaldo Brandão levou apenas jogadores do Corinthians para essa partida, e escalou Rivellino no time titular. O Brasil perdeu, 2 x 0, perante 18 000 espectadores presentes no Highbury Park, a casa dos ingleses.

JOGOS	VITORIAS	EMPATES	DERROTAS	GOLS
121	81	28	12	43

TÍTULOS	ANO
Copa Rio Branco	1968 e 1976
Copa do Mundo	1970
Taça Independência	1972
Taça Atlântico	1976
Copa Roca	1971 e 1976
Copa Oswaldo Cruz	1968 e 1976
Torneio Bicentenário dos EUA	1976

Filhos da Copa do Mundo

Vários jogadores brasileiros foram pais durante as Copas do Mundo que disputaram. Esta coincidência começou na Copa de 1954, quando Castilho ficou sabendo do nascimento da sua filha Shirley. As lágrimas rolaram na face do goleiro do Fluminense ao ver as primeiras fotos da menina que nascera em Bonsucesso, quando a comitiva já estava na Suíça. Precisamente 40 anos depois, durante a Copa de 1994, Leonardo e Bebeto viveram emoções idênticas mas de modos diferentes. Leonardo assistiu a imagens do filho Lucas e pôde conversar ao vivo, via TV Globo, com a mulher. Bebeto também teve oportunidade de ver imagens do filho Matheus logo nas primeiras horas de vida.

Tricampeão da Copa Roca

Djalma Santos é o único jogador brasileiro que venceu a Copa Roca três vezes. O lateral-direito levou o troféu em 1957, 1960 e 1963. Ao todo, a Copa Roca – que opôs o Brasil à Argentina, entre 1914 e 1976 – teve 11 edições, das quais o Brasil venceu sete e dividiu outra (1971) após dois empates.

Finalista militante

O Brasil, a par da Alemanha, é o país com mais presenças em finais da Copa do Mundo. A Seleção Brasileira foi sete vezes finalista conquistando cinco troféus, enquanto a Alemanha, com o mesmo número de finais, venceu apenas três.

	SELEÇÃO	FINAIS
1º	Brasil	7
	Alemanha	7
3º	Itália	6
4º	Argentina	4
5º	República Tcheca	2
	Hungria	2
	Holanda	2
	Uruguai	2
	França	2

Goleiros brasileiros vazados na Copa do Mundo

COPA	GOLEIRO	GOLS
1930	Joel	2
1934	Pedrosa	3
1938	Valter e Batatais	11
1950	Barbosa	6
1954	Castilho	5
1958	Gilmar	4
1962	Gilmar	5
1966	Gilmar e Manga	6
1970	Félix	7
1974	Leão	4
1978	Leão	3
1982	Valdir Peres	6
1986	Carlos	1
1990	Taffarel	2
1994	Taffarel	3
1998	Taffarel	10
2002	Marcos	4
2006	Dida	2

Fairplay albiceleste

Era a primeira partida oficial entre Argentina e Brasil. Em jogo estava a Copa Roca. As duas seleções defrontavam-se em Buenos Aires, no Estádio do Gymnasia y Esgrima, a 27 de setembro de 1914. O Brasil, através de Rubens Salles, marcou aos 13 minutos do primeiro tempo. Mas já no segundo tempo, aos 21 minutos, o atacante argentino Leonardi dominou no peito e chutou sem hipótese para o gol do empate. O árbitro, Alberto Borghert (brasileiro), validou o gol, mas Leonardi decidiu abordar o juiz para fazer um pedido: "não valide o gol, senhor juiz, porque ajeitei a bola com a mão e não no peito". Borghert apertou a mão ao artilheiro e assinalou falta. O gesto de Leonardi caiu bem, dentro e fora de campo. Após o jogo, o embaixador brasileiro em Buenos Aires, Sérgio Dantas, aproveitou o episódio para estreitar ainda mais as relações entre os dois países: "o gesto foi tão sublime que o gol deveria valer por dois".

Fase Pré-Seleção

Antes de ser formada oficialmente a Seleção Brasileira, para a primeira partida disputada em 1914 contra os ingleses do Exeter City, houve seis jogos realizados por combinados regionais brasileiros. Esta pode ser considerada a "Fase Pré-Seleção" do Brasil. As partidas foram as seguintes:

JOGO	DATA	LOCAL
Combinado Rio-São Paulo 0 x 6 África do Sul	31/07/06	Velódromo/SP
Combinado Rio-São Paulo 0 x 4 Argentina	07/07/08	Velódromo/SP
Combinado Rio-São Paulo 3 x 6 Argentina	02/07/12	Velódromo/SP
Combinado Rio-São Paulo 0 x 4 Argentina	10/07/12	Laranjeiras/RJ
Combinado Carioca 1 x 0 Combinado de Portugal	09/09/13	Campo do Botafogo/RJ
Combinado Carioca 2 x 1 Chile	16/09/13	Campo do América/RJ

Goleiro mais jovem

Marcos Carneiro de Mendonça foi o goleiro mais jovem de sempre a representar a Seleção do Brasil. Tinha apenas 19 anos quando participou no histórico encontro entre o Brasil e o Exeter City, em 1914, o primeiro da canarinha. Marcos foi titular durante nove anos, impondo o seu 1,87m aos adversários. Apesar da altura, tinha reflexos apurados e demonstrou-o em 10 jogos oficiais e cinco amistosos, conquistando por duas vezes o Sul-Americano (1919 e 1922). Tomou 15 gols.

Maiores fornecedores da Copa do Mundo

Bebês Gilmar

Após as extraordinárias exibições de Gilmar, goleiro da Seleção Brasileira, durante a Copa do Mundo de 1958, assistiu-se a um fenômeno curioso na Suécia (país organizador do torneio): muitos bebês suecos, loiros e de olhos azuis, foram batizados com o nome "Gilmar". Em 1958, o Brasil venceu a Copa do Mundo e Gilmar foi considerado o melhor goleiro do torneio.

Times históricos

Vencedor da Copa América 1999 – 18 julho 1999

BRASIL	3 X 0	URUGUAI

Técnico: Vanderlei Luxemburgo

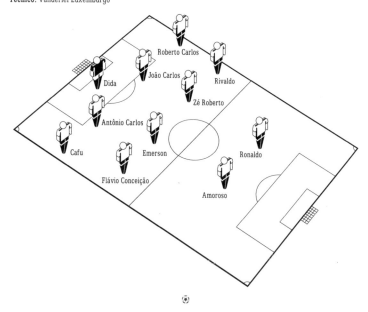

Por onde anda... Jairzinho

O jogador que marcou gols em todos os jogos da Copa de 1970 no México, a do tri, mora no Rio de Janeiro e é empresário de jogadores. Jairzinho foi quem descobriu Ronaldo e mais tarde o encaminhou para o Cruzeiro.

Campeão do Mundo **Chile 1962**

Fase de Grupos

GRUPO 3						
EQUIPE	PART.	V	E	D	GM-GS	PONT.
Brasil	3	2	1	0	4-1	5
Tchecoslováquia	3	1	1	1	2-3	3
México	3	1	0	2	3-4	2
Espanha	3	1	0	2	2-3	2

Convocados:

1 – Gilmar
2 – Djalma Santos
3 – Mauro
4 – Zito
5 – Zózimo
6 – Nílton Santos
7 – Garrincha
8 – Didi
9 – Coutinho
10 – Pelé
11 – Pepe
12 – Jair Marinho
13 – Bellini
14 – Jurandir
15 – Altair
16 – Zequinha
17 – Mengalvio
18 – Jair da Costa
19 – Vavá
20 – Amarildo
21 – Zagallo
22 – Castilho

Artilheiros:
4 gols – Garrincha e Vavá
3 gols – Amarildo
1 gol – Pelé, Zagallo e Zito

QUARTAS-DE-FINAL	
10 junho	Brasil 3 x 1 (1 x 1) Inglaterra

SEMI-FINAIS	
13 junho	Brasil 4 x 2 (2 x 1) Chile

FINAL	
17 junho	Brasil 3 x 1 (1 x 1) Tchecoslovaquia

TECNICO
Aymore Moreira

CAMPEÃO DO MUNDO
Brasil

Dente por dente

Arthur Friedenreich foi considerado o melhor jogador em campo na primeira partida da história da Seleção Brasileira. Frente ao Exeter City, a 21 de julho de 1914 no Estádio das Laranjeiras, Fried sofreu uma marcação impiedosa, até porque os ingleses tinham um prêmio alto em caso de vitória. Num dos muitos lances duros ocorridos durante o jogo, o centroavante foi retirado do campo todo ensanguentado e sem dois dentes, que nunca mais apareceram. Mesmo assim, Friedenreich voltou ao campo e concluiu o jogo. No final, com o placar a mostrar um resultado favorável ao Brasil por 2 x 0, Fried exibia com orgulho a, então, camisa branca manchada de vermelho.

Fábrica de capitães campeões do mundo

O Sanjoanense, da pequena São João da Boa Vista (SP), está na história do futebol brasileiro e mundial como o único clube que formou dois capitães campeões do mundo: Bellini (1958) e Mauro Ramos de Oliveira (1962). Os dois zagueiros ergueram o troféu mais desejado ao serviço do Brasil.

Artilheiros brasileiros por Copa do Mundo

COPA	ARTILHEIRO	GOLS
1930	Preguinho	3
1934	Leônidas	1
1938	Leônidas	7
1950	Ademir Menezes	9
1954	Didi, Julinho e Pinga	2
1958	Pelé	6
1962	Garrincha e Vavá	4
1966	Garrincha, Pelé, Tostão e Rildo	1
1970	Jairzinho	7
1974	Rivellino	3
1978	Dirceu e Roberto Dinamite	3
1982	Zico	4
1986	Careca	5
1990	Careca e Müller	2
1994	Romário	5
1998	Ronaldo	4
2002	Ronaldo	8
2006	Ronaldo	3

Evaristo, o recordista

Evaristo de Macedo, jogador que representou a Selecção Brasileira nos anos 50, é o recordista de gols marcados no mesmo jogo pelo escrete frente a seleções nacionais. Evaristo marcou por cinco vezes no encontro para o Campeonato Sul-Americano de 1957, contra a Colômbia. O jogo realizou-se no Estádio Nacional José Diaz, no Peru, e o Brasil esmagou os colombianos por 9 x 0.

Dia 13: nada contra!

A Seleção Brasileira parece não ter nada contra o fato de jogar nos dias 13. Até hoje, o escrete só não jogou no dia 13 de fevereiro, de resto atuou em todos os outros dias 13 do ano. 13 de junho é o mais preenchido com oito jogos até ao momento:

	DIA	JOGOS
1º	13 junho	8
2º	13 julho	6
3º	13 março	4
	13 abril	4
	13 maio	4
	13 outubro	4
	13 novembro	4
8º	13 agosto	3
	13 outubro	3
9º	13 dezembro	2
	13 janeiro	1
	13 setembro	1
12º	13 fevereiro	0

Barbosa, o filme

A trágica final da Copa do Mundo de 1950, no Maracanã, deu origem a reações e comentários que duraram décadas. O gol sofrido por Moacyr Barbosa, e que acabou por ditar a derrota do Brasil diante de quase 200 000 torcedores, virou até filme. "Barbosa", a curta-metragem realizada por Jorge Furtado com Ana Luiza Azevedo, conta a história de um homem que volta 38 anos no tempo para tentar evitar o gol uruguaio de Ghiggia. O personagem, interpretado por Antônio Fagundes, acaba por distrair o goleiro Barbosa, que, por isso, sofre o gol da derrota. O filme, realizado em 1988, foi mais uma tentativa de espantar os fantasmas da derrota mais dolorosa do futebol brasileiro.

Por onde anda... Clodoaldo

O volante do tri, em 1970 no México, tem atualmente uma imobiliária em Santos, consequência de uma profissão que sempre exerceu, a de corretor de imóveis na Baixada Santista. Clodoaldo é casado, tem duas filhas e um neto que, segundo o avô, será um craque.

Campeão transcontinental

O Brasil é o único vencedor da Copa do Mundo em todos os continentes em que a competição se disputou: América, Europa e Ásia. A Seleção Brasileira só não ganhou nos restantes dois continentes – África e Oceania – porque o torneio nunca se disputou nesses lugares.

CONTINENTE	COPA	ANO
Europa	Suécia	1958
América	Chile	1962
	México	1970
	USA	1998
Ásia	Coreia/Japão	2002

Times históricos

Vencedor da Copa América 1989 – 16 julho 1989

| BRASIL | 1 X 0 | URUGUAI |

Técnico: Sebastião Lazaroni

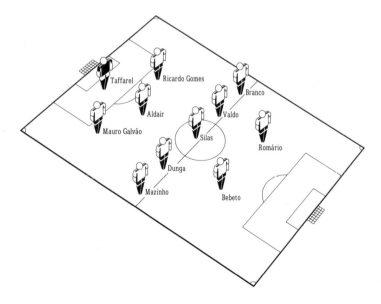

Donos do Banco: Telê Santana

Foi responsável pelo futebol mais bonito que a Seleção Brasileira alguma vez praticou. Mas esse elogio não chegou para vencer a Copa do Mundo nas duas vezes em que comandou a Seleção no torneio, 1982 e 1986. Telê Santana fez a estréia no banco, como selecionador, no Estádio do Maracanã. A longa e entusiasmante caminhada para o Mundial da Espanha começava naquele dia 2 de abril de 1980 com um amistoso frente à Seleção Brasileira de Novos e com uma goleada por 7 x 1. O time apresentado já se assemelhava àquele que Telê levou à Copa:

PRIMEIRO "ONZE"
Carlos (Ponte Preta)
Nelinho (Cruzeiro)
Amaral (Corinthians)
Luizinho (Atlético Mineiro)
Júnior (Flamengo)
Batista (Internacional)
Toninho Cerezo (Atlético Mineiro)
Falcão (Internacional)
Zico (Flamengo)
Tarciso (Grêmio)
Joãozinho (Cruzeiro)

JOGOS	VITORIAS	EMPATES	DERROTAS
55	40	10	5

Hall da Fama: Roberto Carlos

Foi dono da lateral esquerda brasileira durante mais de uma década. O caminho começou a ser construído no dia 26 de fevereiro de 1992, num amistoso frente aos EUA. Roberto Carlos era um jovem promissor do modesto União de São João (SP). Carlos Alberto Parreira apostou nele e não se desiludiu. A estréia foi brindada com uma goleada, 3 x 0.

JOGOS	VITORIAS	EMPATES	DERROTAS	GOLS
132	85	30	17	10

TÍTULOS	ANO
Capa da Amizade	1992
Copa Umbro	1995
Torneio Pré-Olímpico	1996
Medalha de Bronze dos Jogos Olímpicos	1996
Copa América	1997 e 1999
Copa das Confederações da FIFA	1997
Copa do Mundo	2002

Dois títulos no mesmo dia!

A Seleção Brasileira jogou duas vezes no mesmo dia, ganhando os dois jogos e conquistando os dois títulos em disputa: no Rio de Janeiro o Campeonato Sul-Americano e em São Paulo a Copa Roca. Esse dia mágico foi 22 de outubro de 1922. Explicação: Longe de imaginar que a Seleção Brasileira chegaria à última rodada do Sul-Americano, a CBD (atual CBF) marcou com a AFA (Associação de Futebol Argentina) a disputa da Copa Roca para dia 22. Assim, a CBD viu-se obrigada a formar um outro time, às pressas, para honrar o compromisso. O Brasil acabou vencendo o Paraguai na decisão do Sul-Americano (3 x 0) e a Argentina na decisão da Copa Roca (2 x 1).

※

Brasileirismos

*"Se Zico e Sócrates não ganharam a Copa do Mundo,
azar da Copa do Mundo"*

Juca Kfouri Jornalista

※

Campeões do mundo 100% vitoriosos

Em dois dos cinco títulos de campeão do mundo conquistados pelo Brasil – 1970 e 2002 – as respectivas seleções terminaram as provas só com vitórias. Os técnicos dessas proezas foram Mário Zagallo (1970) e Luiz Felipe Scolari (2002), mas o gaúcho fez mais um jogo:

COPA	JOGOS	VITORIAS	EMPATES	DERROTAS
1970	6	6	0	0
2002	7	7	0	0

※

As "bestas negras" nacionais

A Seleção Brasileira defrontou até hoje 14 clubes brasileiros. Mas houve dois a quem nunca conseguiu vencer: Flamengo e Bangu. No primeiro caso o Brasil perdeu e no segundo empatou:

CLUBE	JOGOS	VITORIAS	EMPATES	DERROTAS	GP-GC
Clube de Regatas do Flamengo	1	0	0	1	0-2
Bangu Atlético Clube	1	0	1	0	1-1

Brasileiros contra brasileiros

Ao longo da história, a Seleção Brasileira defrontou 14 clubes brasileiros num total de 19 jogos. O saldo é claramente positivo.

CLUBE	JOGOS	VITÓRIAS	EMPATES	DERROTAS	GP-GC
Andarahy Futebol Clube	1	1	0	0	7-2
Bangu Atlético Clube	1	0	1	0	1-1
Clube Atlético Mineiro	2	1	0	1	2-2
Clube de Regatas do Flamengo	1	0	0	1	0-2
Clube Náutico Capibaribe	1	1	0	0	8-3
Coritiba Foot-Ball Club	1	1	0	0	2-1
Esporte Clube Bahia	3	3	0	0	17-2
Esporte Clube Vitória	1	1	0	0	2-1
Esporte Clube Ypiranga	1	1	0	0	5-1
Galícia Esporte Clube	1	1	0	0	10-4
Palestra Itália-SP	1	1	0	0	4-1
Santa Cruz Futebol Clube-PE	2	1	0	1	5-4
Sport Club Corinthians Paulista	2	1	1	0	6-1
Sport Club do Recife	1	1	0	0	5-4
Total	19	14	3	2	74-29

Anfitriões perdedores em finais da Copa do Mundo

O Brasil (1950) foi um dos dois países-sede que chegaram à final de uma Copa do Mundo e perderam a decisão. O outro foi a Suécia (1958). Os outros anfitriões finalistas foram sempre campeões do mundo:

COPA	ANFITRIÃO FINALISTA	CAMPEÃO
1930	Uruguai	Uruguai
1934	Itália	Itália
1950	Brasil	Uruguai
1958	Suécia	Brasil
1966	Inglaterra	Inglaterra
1974	Alemanha Ocidental	Alemanha Ocidental
1978	Argentina	Argentina
1998	França	França

Brasil x Argentina na Copa do Mundo

Brasil e Argentina defrontaram-se apenas quatro vezes em 18 edições da Copa do Mundo disputadas ao longo da história. O saldo é favorável aos canarinhos com duas vitórias, um empate e uma derrota:

COPA	RESULTADOS		
1974	Argentina	1 x 2	Brasil
1978	Argentina	0 x 0	Brasil
1982	Argentina	1 x 3	Brasil
1990	Brasil	0 x 1	Argentina

Campeão sem reservas

A Copa do Mundo de 1970 foi a primeira em que a FIFA autorizou substituições durante as partidas. No entanto, e curiosamente, nos dois últimos jogos do torneio a Seleção Brasileira não fez nenhuma troca. Durante os 180 minutos – incluindo a final – o técnico Mário Zagallo manteve até ao fim os mesmos 11 jogadores que escalou no início das respectivas partidas.

Gols brasileiros por Copa do Mundo

	COPA	GOLS
1º	1950	22
2º	1970	19
3º	2002	18
4º	1958	16
5º	1982	15
6º	1962	14
7º	1938	14
8º	1998	14
9º	1994	11
10º	1978	10

Campeão moral

A expressão "campeão moral" foi popularizada por Cláudio Coutinho, o técnico da Seleção Brasileira na Copa do Mundo de 1978. Nesse torneio, o Brasil foi a única seleção invicta, mas apesar do feito não foi além do 3º lugar. Coutinho elegeu então a Seleção Brasileira como o "campeão moral" da competição que a Argentina acabou por vencer.

Dupla camisa

José João Altafini, conhecido no mundo do futebol por Mazzola, foi o único jogador brasileiro que realizou uma Copa do Mundo pelo Brasil (1958) e outra por outro país, no caso, a Itália (1962). Mazzola começou a carreira no Palmeiras, o que lhe valeu a convocatória para a Copa de 1958 e a titularidade nos dois primeiros jogos. Após a Copa, e aproveitando o fato de ser filho de italianos, transferiu-se para o AC Milan e radicou-se na Itália onde fez a maior parte da carreira. A 15 de outubro de 1961 estreou pela seleção italiana frente a Israel e marcou o primeiro gol com a camisa da Squadra Azzurra.

Estádios mais utilizados pelo escrete

ESTÁDIO	JOGOS
1º Maracanã (Rio de Janeiro)	112
2º Nacional de Santiago (Chile)	32
Centenário de Montevidéu (Uruguai)	32
4º Pacaembú (São Paulo)	25
5º Morumbi (São Paulo)	24
6º Monumental de Buenos Aires (Argentina)	20
Nacional de Lima (Peru)	20
8º Jalisco de Guadalajara (México)	19
Mineirão (Belo Horizonte)	19
10º Laranjeiras (Rio de Janeiro)	18

Brasileiros cortados na Copa do Mundo

A Seleção Brasileira não tem sido feliz com as convocatórias para Copas do Mundo. Por cinco vezes, os técnicos foram obrigados a substituir jogadores que já haviam sido escalados. Alguns deles até eram particularmente influentes no grupo, casos dos capitães Ricardo Gomes e Emerson, ou dos artilheiros Careca e Romário.

COPA	JOGADOR	MOTIVO
1982	Careca	Lesão
1986	Renato Gaúcho	Indisciplina
1994	Ricardo Gomes	Lesão
1998	Romário	Lesão
2002	Emerson	Lesão

Mico uruguaio

O Brasil recebia o Uruguai no Estádio das Laranjeiras, pela Copa Rio Branco. Domingos da Guia, com 18 anos feitos há poucos dias, apresentava-se naquele 6 de setembro de 1931 como comandante da zaga canarinha. Ficou famoso um lance em que o avançado uruguaio Pablo Dorado pega a bola na intermediária e dispara na direcção da baliza brasileira driblando os adversários, um a um, incluindo Domingos da Guia. O Divino Mestre estava parado no limite da grande área, e Dorado passou como uma seta, deixando para trás todo o mundo e entrando, ele próprio, no gol do escrete. No estádio, todos pensaram – inclusive o goleiro Velloso – que tinha sido gol. Nada mais falso. Domingos havia desarmado, com subtileza, o atacante e ainda assistia, deliciado, ao mico do adversário. Nem Dorado nem nenhum outro uruguaio fez balançar as redes brasileira nesse dia. A Seleção venceu, 2 x 0.

Brasileirísmos

"Henry nunca vai poder comemorar um gol sambando.
O que adianta ser um atacante de tanto sucesso e não poder comemorar ym gol sambando?"

Lusa Silvestre Jornalista e colunista

Guerra F. C.

Alguns jogadores com nomes ou apelidos relacionados com o questões bélicas que já vestiram a camisa da Seleção Brasileira:

JOGADOR	ANO
Batalha	1925
Coronel	1959
Hércules	1938
Flecha	1976
Machado	1938
Marcial	1963
Roberto Dinamite	1975
Valdemar Carabina	1961

Associação dos campeões

Em 2005, Marcelo Neves – filho de Gilmar, bicampeão do Mundo e ex-goleiro da Seleção Brasileira – fundou a Associação dos Campeões Mundiais de Futebol. O objetivo de Marcelo foi resgatar a memória do esporte nacional e dar apoio aos atletas. A Associação já atingiu algumas metas importantes como, por exemplo, planos de saúde vitalícios para os ex-jogadores – extensivos a mais cinco parentes – oferecidos pelo Sistema de Atendimento à Saúde (Sinasa).

Brasileirismos

"Depois do quinto gol senti vontade de aplaudi-lo"

Sigge Parling Marcador sueco de Pelé na decisão da Copa do Mundo de 1958

Adversários mais frequentes em Copas do Mundo

	SELEÇÃO	JOGOS
1º	Suécia	7
2º	Espanha	5
	Itália	5
	Tchecoslováquia	5
5º	Argentina	4
	Escócia	4
	França	4
	Inglaterra	4
	Iugoslávia	4
	Polônia	4

Até o árbitro gostou

Numa excursão pela África, Europa e Oriente Médio, em 1963, a Seleção Brasileira enfrentou a Alemanha Ocidental, em Hamburgo. O escrete venceu por 2 x 1 e Pelé realizou mais um jogo de gênio, além de ter marcado um dos gols brasileiros. Os germânicos não perdiam há muitos anos. A exibição de Pelé emocionou até o juiz suíço Gottfried Dienst que, no final do encontro, fez questão de abraçar efusivamente o rei.

Relações cortadas com a Argentina

O Brasil chegava à final do Sul-Americano de 1946. O ambiente preparado pelos argentinos, no Estádio Monumental de Nuñez, tinha um único objetivo: hostilizar os brasileiros. Ainda antes da partida, o zagueiro Battagliero – que um ano antes tinha fraturado a perna num choque casual com Ademir Menezes – desfilou no gramado deitado numa maca e de perna engessada. Já durante o jogo, o ambiente aqueceu ainda mais quando o zagueiro Salomón tentou dar um carrinho em Jair e fraturou a perna. Nesse momento começou uma verdadeira batalha campal. Os policiais argentinos carregaram sobre os jogadores brasileiros que, a muito custo, conseguiram chegar aos vestiários. Isolaram Chico num canto do campo e bateram-no até cair desmaiado. O chefe da polícia foi ao vestiário brasileiro dizer que se os jogadores não voltassem ao campo ele não poderia garantir a segurança. Os brasileiros voltaram e, amedrontados com o ambiente, perderam 2 x 0. Os acontecimentos de Buenos Aires levaram a CBD (atual CBF) a romper relações com a AFA (Associação Argentina de Futebol).

⚽

Por onde anda... Brito

O central que não brincava em serviço, titular na Copa de 1970, é hoje um típico cidadão aposentado. Brito vive na Ilha do Governador, de onde nunca saiu.

⚽

Hall da Fama Romário

O Baixinho entrou no escrete pela mão do técnico Carlos Alberto da Silva. A 23 de maio de 1987 estreou num amistoso frente à Irlanda, com uma derrota 0 x 1, em Dublin. Depois foram quase 20 anos marcando gols com a camisa verde e amarela.

JOGOS	VITORIAS	EMPATES	DERROTAS	GOLS
74	49	16	9	55

TITULOS	ANO
Taça das Nações	1988
Medalha de Prata nos Jogos Olímpicos	1988
Torneio Bicentenário da Austrália	1988
Copa América	1989 e 1997
Copa do Mundo	1994
Copa das Confederações da FIFA	1997

Times históricos

Vencedor da Copa América 2004 – 25 julho 2004

| BRASIL | 2 X 2 (PENALTIS: 4 X 2) | ARGENTINA |

Técnico: Carlos Alberto Parreira

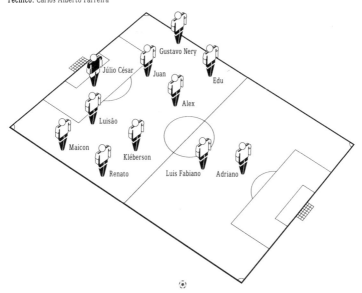

Jules Rimet de volta prá vitrine

A 19 de janeiro de 1984 – um ano após o roubo de alguns troféus da sede da CBF, entre os quais a Taça Jules Rimet – a responsável máxima do futebol brasileiro iniciou o processo de resgate das taças. Com a ajuda da empresa J. W. Thompson, foram localizados os moldes originais da Taça Jules Rimet, feitos na Alemanha em 1954, por Rudolf Schaeffer. Os moldes encontravam-se na cidade de Hanau, perto de Frankfurt. Foram necessários dois meses para as pesquisas e reprodução exata do troféu, símbolo de tricampeão do mundo. Os restantes troféus roubados – Equitativa, Jarrito de Ouro e Taça Independência – foram confeccionadas pelo artesão de jóias Frederic, no Brasil. No dia 10 de junho de 1984, o país se emocionou quando, antes da partida amistosa entre Brasil e Inglaterra, os três capitães do tricampeonato entregaram oficialmente ao presidente da CBF, Giulite Coutinho, a Taça Jules Rimet.

Goleiro mais tempo imbatível na Copas do Mundo

Leão foi o goleiro brasileiro que esteve mais tempo sem sofrer gols na Copa do Mundo. O recorde foi estabelecido na Argentina, durante a Copa de 1978. O 2º classificado desta lista é Carlos.

GOLEIRO	COPA	MINUTOS
1º Leão	1978	457
2º Carlos	1986	401

Reviver a história

Em 2004, quando a Seleção Brasileira comemorou 90 anos, a CBF convidou o Exeter City – primeiro adversário do Brasil na história – para um amistoso comemorativo em solo brasileiro. A diretoria do clube inglês foi obrigada a recusar o convite alegando dificuldades financeiras que impediam o pagamento da longa viagem. Em maio de 2004, a Seleção Brasileira de Masters deslocou-se a Exeter para defrontar o time que atua nas divisões inferiores de Inglaterra. Branco, Mazinho, Dunga, Careca, entre outros, foram atrações no lotado St. James Park. O Exeter perdeu por 1 x 0 (golo de Careca), mas arrecadou preciosos fundos para reabilitar as suas combalidas finanças.

À volta do Mundo

A Seleção Brasileira já visitou 55 países, num total de 158 cidades estrangeiras, nos cinco continentes. A primeira viagem do escrete foi à Argentina, que é também o país estrangeiro onde a Seleção realizou mais partidas:

	PAÍS	JOGOS
1º	Argentina	61
2º	Uruguai	51
3º	Chile	44
4º	EUA	31
5º	França	29
	México	29
7º	Peru	27
8º	Paraguai	25
9º	Inglaterra	22
10º	Espanha	19

Rei de Copas

Até hoje apenas sete seleções conquistaram a Copa do Mundo. O Brasil é o país com mais títulos (5) seguido da Itália (4) e da Alemanha (3).

SELEÇÃO	TÍTULOS	ANO
1º Brasil	5	1958, 1962, 1970, 1994 e 2002
2º Itália	4	1934, 1938, 1982 e 2006
3º Alemanha	3	1954, 1974 e 1990
4º Argentina	2	1978 e 1986
5º Uruguai	2	1930 e 1950
6º França	1	1998
7º Inglaterra	1	1966

Relações cortadas com o Uruguai

O Campeonato Sul-Americano de 1922 foi recheado de polêmica. No último jogo da competição os uruguaios precisavam apenas de um empate frente ao Paraguai para levarem o título. Mas o árbitro da partida, Afonso de Castro (brasileiro), com uma arbitragem desastrosa, decidiu o jogo a favor dos paraguaios: dois gols legítimos anulados ao Uruguai e um gol do Paraguai marcado em posição duvidosa. Assim, Brasil, Uruguai e Paraguai terminaram empatados no 1º lugar. Foi o bastante para os uruguaios abandonarem a competição e, na sequência, para a CBD (atual CBF) cortar relações com a Associação Uruguaia de Futebol. Brasil e Paraguai partiram para a decisão e a Seleção canarinha venceu fácil, 3 x 0.

As "bestas negras" internacionais

Em toda a história do futebol, houve apenas duas seleções nacionais a quem o Brasil nunca conseguiu vencer: Noruega e Canadá. Com os canadenses foram dois jogos e dois empates, mas contra os noruegueses as quatro partidas deram dois empates e ainda duas derrotas. Este é o saldo completo:

SELEÇÃO	JOGOS	VITÓRIAS	EMPATES	DERROTAS	GP-BC
Noruega	4	0	2	2	5-8
Canadá	2	0	2	0	1-1

Campeão da Copa América **Peru 2004**

Fase de Grupos

GRUPO C

EQUIPE	PART.	V	E	D	GM-GS	PONT.
Paraguai	3	2	1	0	4-2	7
Brasil	3	2	0	1	6-3	6
Costa Rica	3	1	0	2	3-6	3
Chile	3	0	1	2	2-4	1

Convocados:
1 – Júlio César
2 – Mancini
3 – Luisão
4 – Juan
5 – Renato
6 – Gustavo Nery
7 – Adriano
8 – Kléberson
9 – Luis Fabiano
10 – Alex
11 – Edu
12 – Fábio
13 – Maicon
14 – Bordon
15 – Cris
16 – Dudu Cearense
17 – Adriano Claro
18 – Júlio Baptista
19 – Diego
20 – Felipe
21 – Ricardo Oliveira
22 – Vágner Love

Artilheiros:
7 gols – Adriano
2 gols – Luis Fabiano
1 gol – Alex,
      Juan,
      Luisão e
      Ricardo Oliveira

QUARTAS-DE-FINAL		TECNICO
18 julho	México 0 x 4 Brasil	Carlos Alberto Parreira

SEMI-FINAIS	
21 julho	Brasil 1 x 1 (5 x 3) pen. Uruguai

FINAL		CAMPEÃO
25 julho	Argentina 2 x 2 (2 x 4) pen. Brasil	Brasil

Azar de principiante no Sul-Americano

A Seleção Brasileira não teve sorte no I Campeonato Sul-Americano, em 1916. Depois de uma viagem atribulada até Buenos Aires, o Brasil conseguiu recuperar e chegar até à final, diante do Uruguai. A Seleção marcou primeiro, por Friedenreich, que estava endiabrado. Mas depois vieram os azares. O zagueiro Orlando lesionou-se de forma irrecuperável após um choque com o atacante uruguaio Piendibene. Na época, o regulamento não permitia substituição, a não ser que os dois capitães chegassem a acordo. Pacheco, o capitão uruguaio, não permitiu, até porque o Brasil já vencia por 1 x 0. E assim, jogando contra 10, não foi difícil ao Uruguai virar o resultado para 2 x 1 e vencer a I edição do Sul-Americano.

Rio de goleada

A Seleção Brasileira já jogou em 34 cidades do Brasil. O Rio de Janeiro é aquela onde o escrete atuou mais vezes. Foram 158 partidas, quase o triplo das que o Brasil realizou em São Paulo. Este é o top das 10 cidades brasileiras onde a Seleção fez mais jogos:

	CIDADE	JOGOS
1º	Rio de Janeiro	158
2º	São Paulo	58
3º	Belo Horizonte	19
4º	Salvador	18
5º	Recife	16
6º	Porto Alegre	14
7º	Goiânia	11
8º	Curitiba	10
9º	Fortaleza	8
	Brasília	8

Santos, o rei dos pentas

O Santos foi o clube brasileiro que cedeu mais jogadores para a conquista das cinco Copas do Mundo. Os clubes paulistas dominam esta lista de pentacampeões:

	CLUBE	JOGADORES
1º	Santos	15
2º	São Paulo	13
3º	Botafogo	11
4º	Palmeiras	9
5º	Corinthians	8
6º	Flamengo	7
7º	Cruzeiro	5
8º	Vasco da Gama	4
9º	Grêmio	3
	Portuguesa	3
11º	Atlético Mineiro	2
12	Atlético Paranaense	1
	Bangu	1

O ímã Denílson

Não foi fácil alcançar a vaga na final da Copa do Mundo de 2002. A Seleção Brasileira suou diante da Turquia para segurar o gol solitário marcado por Ronaldo aos 48 minutos. Já perto do final da partida, os 61 000 espectadores presentes no Estádio Saitama (Japão), assistiram a uma cena pouco usual: Denílson pegou a bola no lado direito do ataque canarinho, próximo da linha de fundo, e arrastou com ele seis jogadores turcos ao mesmo tempo ou seja, mais de metade da equipe. O resultado final do lance não foi muito produtivo, mas acabou por ser mais um passo rumo à final e ao penta.

Times históricos

Vencedor da Copa América 2007 – 15 julho 2007

| BRASIL | 3 X 0 | ARGENTINA |

Técnico: Dunga

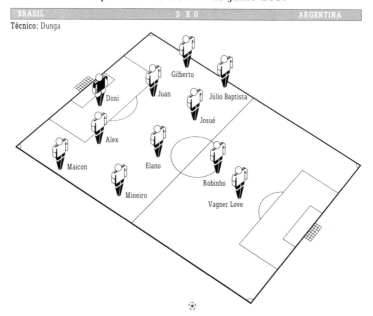

Campeões invictos na Copa do Mundo

Nas cinco vezes em que o Brasil foi campeão do mundo – 1958, 1962, 1970, 1994 e 2002 – nunca sofreu qualquer derrota nos jogos realizados. Ao todo foram 32 partidas, 28 vitórias e quatro empates.

Mais vitoriosos na Seleção principal

	JOGADOR	VITÓRIAS
1º	Roberto Carlos	100
2º	Cafu	95
3º	Pelé	84
4º	Rivellino	81
5º	Djalma Santos	80
6º	Dunga	79
	Ronaldo	79
8º	Jairzinho	76
	Taffarel	76
10º	Bebeto	73

100% Vitoriosos na Oswaldo Cruz

A Taça Oswaldo Cruz – torneio realizado entre as Seleções do Brasil e do Paraguai, entre 1950 e 1976 – é uma das competições em que a Seleção possui um registro cem por cento vitorioso. A Seleção venceu as oito edições realizadas, com 11 vitórias, quatro empates e uma derrota:

ANO	DATA	JOGO	VENCEDOR
1950	07/05/50	Brasil 2 x 0 Paraguai	Brasil
	13/05/50	Brasil 3 x 3 Paraguai	
1955	13/11/55	Brasil 3 x 0 Paraguai	Brasil
	17/11/55	Brasil 3 x 3 Paraguai	
1956	12/06/56	Paraguai 0 x 2 Brasil	Brasil
	17/06/56	Paraguai 2 x 5 Brasil	
1958	04/05/58	Brasil 5 x 1 Paraguai	Brasil
	07/05/58	Brasil 0 x 0 Paraguai	
1961	30/04/61	Paraguai 0 x 2 Brasil	Brasil
	03/05/61	Paraguai 2 x 3 Brasil	
1962	21/04/62	Brasil 6 x 0 Paraguai	Brasil
	24/04/62	Brasil 4 x 0 Paraguai	
1968	25/07/68	Paraguai 0 x 4 Brasil	Brasil
	28/07/68	Paraguai 1 x 0 Brasil	
1976	07/04/76	Paraguai 1 x 1 Brasil	Brasil
	09/06/76	Brasil 3 x 1 Paraguai	

Campeões do *Fair Play*

Nas Copas do Mundo de 1978 e 1982 a FIFA criou um troféu para premiar a seleção com mais *Fair Play* da competição. Chamava-se Troféu Sport Billy. A Seleção Brasileira ganhou a taça nas duas edições do torneio.

Hall da Fama Ronaldo

O Fenômeno começou bem com a canarinha: vitória frente à Argentina, 2 x 0, num amistoso realizado a 23 de março de 1994 no Recife. Carlos Alberto Parreira foi o primeiro técnico a escalar a então jovem promessa do Cruzeiro com apenas 17 anos. Nessa partida frente aos argentinos, Ronaldo não foi titular, entrou aos 70 minutos substituindo Bebeto.

JOGOS	VITORIAS	EMPATES	DERROTAS	GOLS
104	73	22	9	67

TITULOS	ANO
Copa do Mundo	1994 e 2002
Copa Umbro	1995
Medalha de Bronze dos Jogos Olímpicos	1996
Copa América	1997 e 1999
Copa das Confederações da FIFA	1997

Brasil x Itália é título garantido

Sempre que Brasil e Itália se encontraram numa Copa do Mundo, um deles acabou conquistando o título. Foi assim com os brasileiros em 1970 e 1994, e com os italianos em 1938 e 1982.

Dupla imbatível

Pelé e Garrincha atuaram juntos na Seleção Brasileira em cerca de 40 partidas. Os dois maiores craques brasileiros de todos os tempos nunca foram derrotados nesses jogos. A última partida da dupla aconteceu na Copa do Mundo de 1966, na Inglaterra, frente à Bulgária. A despedida foi coroada com uma vitória, 2 x 0, a única alcançada pelo Brasil no torneio. Pelé e Garrincha fizeram sete partidas em Copas do Mundo, com seis vitórias, um empate e 17 gols marcados.

A Seleção em Porto Alegre

Até hoje, a Seleção Brasileira realizou 14 partidas em Porto Alegre. A grande maioria (11) foram amistosos e apenas três oficiais (dois para eliminatórias da Copa América e um para eliminatórias da Copa do Mundo). O Brasil perdeu apenas uma vez em Porto Alegre, logo no segundo jogo, com a Argentina (0 x 2). Mas o saldo é claramente positivo:

JOGO	DATA	COMPETIÇÃO	ESTADIO
Brasil 2 x 1 Peru	07/04/69	Amistoso	Beira-Rio
Brasil 0 x 2 Argentina	04/03/70	Amistoso	Beira-Rio
Brasil 3 x 2 Paraguai	26/04/72	Amistoso	Beira-Rio
Brasil 3 x 3 Seleção Gaúcha	17/06/72	Amistoso	Beira-Rio
Brasil 2 x 2 Seleção Gaúcha	25/05/78	Amistoso	Beira-Rio
Brasil 3 x 0 Bulgária	28/10/81	Amistoso	Olímpico
Brasil 3 x 1 Chile	08/06/85	Amistoso	Beira-Rio
Brasil 1 x 0 Paraguai	24/06/87	Amistoso	Olímpico
Brasil 3 x 1 Alemanha	16/12/92	Amistoso	Beira-Rio
Brasil 2 x 0 Iugoslávia	23/12/94	Amistoso	Olímpico
Brasil 4 x 2 Argentina	07/09/99	Amistoso	Beira-Rio
Brasil 2 x 0 Paraguai	15/08/01	Eliminatórias	Olímpico
Brasil 4 x 1 Paraguai	05/06/05	Eliminatórias	Beira-Rio
Brasil 3 x 0 Peru	01/04/09	Eliminatórias	Beira-Rio

Total

JOGOS	VITORIAS	EMPATES	DERROTAS	GP	GC
14	11	2	1	35	15

Regulamento desconhecido

Em 1954, durante a segunda partida do Brasil na Copa da Suiça, aconteceu um fato inusitado. As seleções do Brasil e da Iugoslávia jogavam a segunda partida da chave 1. Ambas tinham vencido os respectivos primeiros jogos pelo que – segundo o novo regulamento que permitia a qualificação de duas equipes por chave – o empate garantia a vaga das duas seleções nas quartas-de-final. Mas os brasileiros desconheciam o regulamento e, com a partida em 1 x 1, tentavam desesperadamente o gol da vitória. De nada valeu o esforço dos jogadores Iugoslavos, tentando explicar em inglês que o resultado era bom para os dois. O placar ficou mesmo numa igualdade, permitindo a Brasil e Iugoslávia seguirem em frente.

Futebol em dia de Natal

Parece estranho mas a Seleção Brasileira já jogou no dia 25 de dezembro, dia de Natal. A partida, frente à Argentina (2 x 2), foi a última do Sul-Americano de 1925. Perante 18 000 espectadores, que também trocaram o feriado em família pelo futebol, os dois rivais jogaram no Estádio do S. C. Barracas, em Buenos Aires. Com o empate, a Seleção sagrou-se vice-campeã do Sul-Americano. Foi o único jogo realizado pelo Brasil no dia de Natal em toda a história do escrete.

A segunda casa do escrete

Buenos Aires é a cidade estrangeira onde a Seleção canarinha realizou mais partidas. Foram 50 jogos na capital argentina, mais do que em qualquer outra cidade brasileira excetuando Rio de Janeiro e São Paulo. Esta é a lista das 11 cidades estrangeiras onde o Brasil efetuou mais partidas:

	CIDADE	JOGOS
1º	Buenos Aires (Argentina)	50
2º	Montevidéu (Uruguai)	44
3º	Santiago (Chile)	32
4º	Lima (Peru)	23
5º	Assunção (Paraguai)	20
6º	Guadalajara (México)	18
7º	Londres (Inglaterra)	15
8º	Paris (França)	12
9º	Cidade do México (México)	9
	La Paz (Bolívia)	9
	Viña del Mar (Chile)	9

Calouro em final de Copa

Pelé foi, até hoje, o jogador mais jovem a atuar na final de uma Copa do Mundo. Aconteceu a 29 de junho de 1958, na decisão da Copa da Suécia, frente à seleção da casa, perante 50 000 espectadores presentes no Estádio Nya Ullevi (Gotemburgo). Pelé foi escalado como titular, pelo técnico Vicente Feola, com apenas 17 anos e 249 dias. Nessa final, o rei marcou dois dos gols da vitória brasileira (5 x 2), ajudando assim a conquistar a primeira Copa do Mundo para o Brasil.

A Copa dos 18 clubes

A Copa do Mundo de 2002, realizada na Coreia e no Japão, foi aquela para a qual a Seleção Brasileira convocou jogadores de mais clubes. Entre os 23 convocados, havia atletas de 18 clubes diferentes, distribuídos por cinco países (Brasil, Itália, Espanha, Alemanha e França). Nunca o Brasil foi tão "babilônia" numa Copa do Mundo:

CLUBE	PAÍS	JOGADORES
Palmeiras	Brasil	1
Roma	Itália	1
Bayer Leverkusen	Alemanha	1
AC Milan	Itália	1
Lyon	França	1
Real Madrid	Espanha	1
Corinthians	Brasil	3
Atlético Mineiro	Brasil	1
Inter de Milão	Itália	1
Barcelona	Espanha	1
Paris Saint-German	França	1
São Paulo	Brasil	3
Grêmio	Brasil	2
Atlético Paranaense	Brasil	1
Parma	Itália	1
Bétis de Sevilha	Espanha	1
Flamengo	Brasil	1
Cruzeiro	Brasil	1

Hall da Fama Sócrates

O Doutor começou a carreira na Seleção Brasileira com uma goleada, 6 x 0, frente ao Paraguai, a 17 de maio de 1979. O jogo era amistoso, no Estádio do Maracanã, e Sócrates logo mostrou bom entendimento com Zico que marcou três gols nessa partida. Cláudio Coutinho foi o técnico que apadrinhou a estréia daquele que haveria de ser o patrão do meio-campo canarinho durante quase uma década.

JOGOS	VITÓRIAS	EMPATES	DERROTAS	GOLS
63	41	17	5	25

Independência conquistada 150 anos depois

Em julho de 1972, a Seleção Brasileira disputou e conquistou um dos troféus mais simbólicos da sua história: a Taça Independência, também conhecida por Mini Copa. Promovida pela CBD (atual CBF), a iniciativa servia para comemorar os 150 anos da independência do Brasil, reunindo 18 seleções nacionais e ainda dois times que representavam a África e a Concacaf. Foi uma organização gigantesca, com o torneio a ser disputado em 10 cidades diferentes, de norte a sul do Brasil. A cobertura informativa também envolveu meios nunca vistos: 245 profissionais da imprensa, rádio e TV, vindos de 26 países. Caprichosamente, a final do torneio ditou um Brasil x Portugal – antigo colonizador – com vitória para o escrete, 1 x 0, gol de Jairzinho, de cabeça, no último minuto.

❉

Brasileirísmos

*"Ser brasileiro é ir pra Mongólia e levar
umas camisas amarelas pra servir de moeda"*

Lusa Silvestre Jornalista e colunista

❉

Jovem marcador

Pelé está na história do futebol como o mais jovem jogador a marcar um gol numa Copa do Mundo. Aconteceu no Mundial da Suécia, em 1958, no encontro das quartas-de-final frente ao País de Gales. Pelé entrou de início, mas só apontou o gol da vitória (1 x 0) aos 66 minutos. O rei tinha então 17 anos e 229 dias.

❉

Gols "redondos" na Copa América

Três jogadores brasileiros entraram para a história da Copa América por terem marcado gols "redondos" na competição. São obras do acaso, mas a verdade é que Roberto, Zizinho e Nelinho estavam no sítio certo à hora certa.

GOL	MARCADOR	DATA	RESULTADO	ADVERSARIO
300	Roberto	27/12/36	3 x 2	Peru
800	Zizinho	03/04/49	9 x 1	Equador
1500	Nelinho	06/08/75	2 x 1	Argentina

Times históricos

Jogos Pan-Americanos
17 outubro 1975 — Maior goleada de sempre

| BRASIL | 14 X 0 | NICARÁGUA |

Técnico: Zizinho

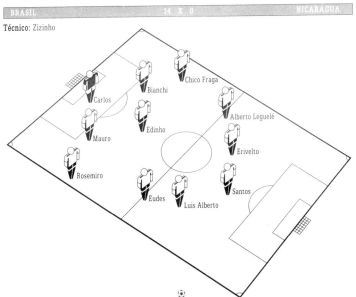

Primeiro troféu internacional

A Copa Roca foi o primeiro troféu internacional conquistado pela Seleção Brasileira. O ministro das Relação Exteriores da Argentina, Júlio Roca, foi quem doou a taça com o objetivo de fortalecer a cordialidade esportiva com o Brasil. Depois de uma viagem longa a bordo do navio "Alcântara", o Seleção entrou em campo — Estádio do Gymnasia y Esgrima — no dia 27 de setembro de 1914. Dias antes, Argentina e Brasil já haviam disputado um amistoso com clara vantagem para os argentinos (3 x 0), por isso, o favoritismo estava do lado da seleção dos Pampas. No entanto, havia uma diferença fundamental entre os dois jogos: a presença de Rubens Salles, um jogador baixinho mas com grande habilidade. Foi exatamente ele quem marcou o primeiro gol do Brasil em partidas oficiais e, consequentemente, quem deu à Seleção Brasileira o primeiro título internacional. O gol foi marcado aos 13 minutos do primeiro tempo. Um chute de fora da área, indefensável para o goleiro Rithner.

A primeira música

A primeira música feita para uma Seleção Brasileira foi o "hino do scratch brasileiro", composto para a Copa de 1950, interpretada por Sílvio Caldas. A obra foi escrita por Lamartine Babo, autor dos hinos do América, Botafogo, Flamengo, Fluminense, Vasco da Gama, Bonsucesso, São Cristóvão, Olaria, Madureira e Canto do Rio.

Brasileirísmos

"Somos especiais no futebol, da mesma maneira que João Gilberto é único na música e Sônia Braga no jeito de descontrolar os quadris"

Armando Nogueira Jornalista

Times históricos

Maior goleada contra uma seleção nacional — 10 abril 1949
(Campeonato Sul-Americano)

BRASIL	10 X 1	BOLÍVIA

Técnico: Flávio Costa

- Barbosa
- Mauro
- Noronha
- Ruy
- Simão
- Augusto
- Jair Rosa Pinto
- Bauer
- Nininho
- Zizinho
- Cláudio Pinho

Donos do Banco **Vanderlei Luxemburgo**

JOGOS	VITÓRIAS	EMPATES	DERROTAS
57	38	12	7

Assumiu o comando da Seleção num momento em que era o "treinador da moda" no Brasil, após a Copa do Mundo de 1998. Não chegou a disputar a tão desejada Copa de 2002, mas ainda venceu a última Copa América do milênio em 1999. Estreou no banco da Seleção a 23 de setembro de 1998, num amistoso frente à Iugoslávia no Estádio Castelão (São Luis). Nessa primeira partida, fez questão de marcar uma clara diferença em relação ao antecessor, Mário Zagallo, convocando muitos jogadores novos. O primeiro "onze" de Luxemburgo foi este:

PRIMEIRO "ONZE"
André (Internacional)
Cafu (Roma)
Antônio Carlos (Roma)
Cléber (Palmeiras)
Felipe (Vasco da Gama)
Marcos Assunção (Flamengo)
Vampeta (Corinthians)
Marcelinho Carioca (Corinthians)
Rivaldo (Barcelona)
Müller (Cruzeiro)
Denilson (Bétis)

TÍTULOS	ANO
Copa América	1999
Torneio Pré-Olímpico	2000

Maiores artilheiros contra Seleções nacionais

	JOGADOR	GOLS
1º	Pelé	77
2º	Ronaldo	62
3º	Romário	56
4º	Zico	48
5º	Bebeto	42
6º	Rivaldo	36
7º	Jairzinho	34
8º	Ademir Menezes	33
9º	Tostão	32
10º	Careca	29

Invencíveis na Copa América

A Seleção Brasileira esteve oito anos e 18 dias sem perder para a Copa América, de 24/06/93 a 12/07/01. Naquele que é o maior período de invencibilidade do Brasil na competição, a Seleção realizou 20 jogos dos quais venceu 17 e empatou três. O recorde só foi interrompido pelo México que derrotou o Brasil no dia 12 de julho de 2001.

Primeiro título de Pelé

A Copa Roca foi o primeiro título conquistado por Pelé ao serviço da Seleção Brasileira. E o rei não fez por menos: marcou nos dois jogos, frente à Argentina, e foi decisivo para a conquista do troféu. Primeiro no Maracanã, a 11 de junho de 1957, o rei entrou aos 65 minutos estreando a amarelinha e se estreando a marcar o único gol brasileiro, 1 x 2; na segunda partida, vitória brasileira no Pacaembu, 2 x 0, com gol de Pelé aos 20 minutos.

Hall da Fama **Tostão**

Tostão empatou na primeira vez que vestiu a camisa do escrete. Foi a 15 de maio de 1966, num amistoso frente ao Chile (1 x 1), no Estádio do Morumbi. Tostão, então jogador do Cruzeiro, tinha apenas 20 anos quando o técnico Vicente Feola o escalou no time titular.

JOGOS	VITORIAS	EMPATES	DERROTAS	GOLS
65	47	12	6	35

TÍTULOS	ANO
Copa Rio Branco	1967 e 1968
Copa do Mundo	1970
Copa Roca	1971
Taça Independência	1972

Gesto nobre de Suarez

Os 60 000 espectadores que assistiram ao Argentina x Brasil no Estádio El Viejo Gasômetro (Buenos Aires), para a Copa Roca de 1940, presenciaram um raro gesto de nobreza interpretado por Arico Suarez, o capitão argentino. O árbitro argentino, Bartolomé Macías assinalou, por engano, um pênalti contra a Seleção Brasileira por suposta mão na bola de Zezé Procópio. Os protestos dos brasileiros e até de uma boa parte da torcida argentina, não demoveram o juiz. Quando Moreno se preparava para cobrar a penalidade, Suarez pediu que o companheiro esperasse. Depois aproximou-se do árbitro e segredou alguma coisa com a qual Macías concordou. Foi nesse momento que Suarez pediu ao companheiro Moreno para se afastar e ele próprio bateu o pênalti premeditadamente para fora. O Brasil venceu, 3 x 2, mas Suarez foi aplaudido de pé.

Campeão da Copa América **Venezuela 2007**

Fase de Grupos

GRUPO B

EQUIPE	PART.	V	E	D	GM-GS	PONT.
México	3	2	1	0	4-1	7
Brasil	3	2	0	1	4-2	6
Chile	3	1	1	1	3-5	4
Equador	3	0	0	3	3-6	0

Convocados:
- 1 – Helton
- 2 – Maicon
- 3 – Alex Costa
- 4 – Juan
- 5 – Mineiro
- 6 – Gilberto
- 7 – Elano
- 8 – Gilberto Silva
- 9 – Vagner Love
- 10 – Diego
- 11 – Robinho
- 12 – Doni
- 13 – Daniel Alves
- 14 – Alex Silva
- 15 – Naldo
- 16 – Kléber
- 17 – Josué
- 18 – Fernando
- 19 – Júlio Baptista
- 20 – Anderson
- 21 – Afonso
- 22 – Fred

Artilheiros:
- 6 gols – Robinho
- 3 gols – Júlio Baptista
- 1 gol – Juan, Josué, Vagner, Love, Maicon, Daniel Alves e Ayala (contra)

QUARTAS-DE-FINAL
8 julho — Chile 1 x 6 Brasil

SEMI-FINAIS
11 julho — Uruguai 2 x 2 (4 x 5) pen. Brasil

FINAL
15 julho — Brasil 3 x 0 Argentina

TÉCNICO
Dunga

CAMPEÃO
Brasil

Primeiro técnico campeão do mundo

Vicente Feola foi o primeiro técnico campeão do mundo pela Seleção Brasileira. Feola comandou o time que venceu a Copa de 1958, disputada na Suécia. O Brasil fez um campeonato imaculado, sem uma única derrota nos seis jogos realizados – cinco vitórias e um empate – batendo na final a anfitriã, Suécia, por 5 x 2. Outro fato que marcou essa Copa do Mundo foi a insistência de Vicente Feola em levar na comitiva um garoto franzino, de apenas 17 anos, contra a vontade de alguns. Esse garoto era Pelé, mais tarde considerado o melhor jogador do mundo de todos os tempos.

Donos do Banco **Vicente Feola**

JOGOS	VITORIAS	EMPATES	DERROTAS
75	55	12	8

A marca mais forte de Vicente Feola é a Copa do Mundo conquistada na Suécia, em 1958, a primeira na história da Seleção Brasileira. Mas poucos sabem que, três anos antes desse feito, Vicente Feola já tinha comandando o Brasil e com sucesso. O técnico paulista dirigiu a Seleção no segundo jogo da Taça Bernardo O´Higgins, frente ao Chile, substituindo Zezé Moreira que empatou a primeira partida (1 x 1). O Brasil precisava da vitória e, a 20 de setembro de 1955, Vicente Feola escalou o time que conquistou o caneco no Estádio do Pacaembu:

PRIMEIRO "ONZE"
Gilmar (Corinthians)
Turcão (São Paulo)
Mauro (São Paulo)
Alfredo Ramos (São Paulo)
Formiga (Santos)
Bauer (São Paulo)
Maurinho (São Paulo)
Ipojucan (Portuguesa dos Desportos)
Humberto Tozzi (Palmeiras)
Vasconcelos (Santos)
Rodrigues (Palmeiras)

TÍTULOS	ANO
Taça Oswaldo Cruz	1958
Copa do Mundo	1958
Taça Bernardo O´Higgins	1955 e 1959
Copa Roca	1960
Taça Atlântico	1960

Brasileirísmos

"O futebol brasileiro é um bem cultural que precisa ser preservado"

Boris Fausto Historiador

Arte F. C.

Alguns jogadores com nomes ou apelidos relacionados com artistas que já vestiram a camisa da Seleção Brasileira:

JOGADOR	ANO
Police	1918
Bellini	1957
Picasso	1965
Roberto Carlos	1992
Leonardo	1992

Hall da Fama Zico

Zico vestiu pela primeira vez a amarelinha no Estádio Centenário, em Montevidéu, frente ao Uruguai, no dia 25 de fevereiro de 1976. Pela mão do técnico Oswaldo Brandão, o Galinho atuou ao lado de Rivellino no meio-campo canarinho. Foi uma estréia soberba já que Zico marcou o gol decisivo da vitória brasileira – 2 x 1 – nessa partida da Taça Atlântico.

JOGOS	VITORIAS	EMPATES	DERROTAS	GOLS
88	64	19	4	66

TÍTULOS	ANO
Torneio Pré-Olímpico	1971
Taça Atlântico	1976
Copa Roca	1976
Copa Oswaldo Cruz	1976
Torneio Bicentenário dos EUA	1976

Brasileirísmos

*"A Seleção Brasileira da Copa de 1970 pertence
a qualquer lista dos maiores entretenimentos do século, ao lado
do canto de Frank Sinatra ou da dança de Fred Astaire"*

Daniel Piza Jornalista

As exeções húngara e norueguesa

Existem apenas duas seleções no planeta com as quais o Brasil tem saldo negativo nos confrontos realizados: a Hungria e a Noruega. Com os húngaros a Seleção Brasileira jogou até hoje seis partidas, das quais apenas duas foram oficiais (Copa do Mundo). Com a Noruega foram quatro jogos e apenas um oficial (Copa do Mundo), mas neste caso o Brasil não venceu nenhum dos jogos. Este é o saldo completo contra os dois carrascos:

SELEÇÃO	JOGOS	VITORIAS	EMPATES	DERROTAS	GP-BC
Hungria	6	2	1	3	12-14
Noruega	4	0	2	2	5-8

Por onde anda... Branco

O lateral-esquerdo que disputou três Copas (1986, 1990 e 1994) já não foi tão feliz depois de abandonar o futebol. Após uma passagem como coordenador das divisões de base da CBF, aceitou o cargo de coordenador técnico do Fluminense, mas acabou dispensado. Hoje ainda é proprietário de um depósito de materiais no Rio de Janeiro, cidade onde mora.

Brasileirísmos

"Friedenreich era um tigre, o artilheiro sem piedade, o craque que jogava bola como Santos Dumont voava, como Carlos Gomes compunha e como Rui Barbosa escrevia"

Alexandre da Costa Jornalista e autor do livro "O Tigre do Futebol"

Mais jogos na Copa do Mundo

	JOGADOR	JOGOS
1º	Cafu	20
2º	Ronaldo	19
3º	Dunga	18
	Taffarel	18
5º	Roberto Carlos	17
6º	Jairzinho	16
7º	Bebeto	15
	Didi	15
	Nílton Santos	15
	Rivellino	15

Gol a meio caminho

No jogo de estréia da Seleção Brasileira na Copa do Mundo de 1978, frente à Suécia, aconteceu um dos fatos mais inusitados da história do torneio. Já no final da partida, com 1 x 1, no placar, Zico desviou para gol um escanteio cobrado por Nelinho. O juiz galês Clive Thomas anulou o lance alegando que havia terminado a partida justamente no momento em que a bola fazia a viagem até à cabeça de Zico. A FIFA acabou suspendendo Thomas, mas o resultado de 1 x 1 foi mantido.

Imparáveis contra clubes internacionais

A Seleção Brasileira defrontou 35 clubes internacionais ao longo da história, num total de 49 jogos. O saldo é quase 100% positivo. O Brasil nunca perdeu com grandes potências do futebol mundial como Ajax (Holanda), Fiorentina (Itália), Athletic de Bilbao (Espanha), Atlético de Madrid (Espanha), Peñarol (Uruguai), River Plate (Argentina), Millionários (Colômbia), Ferecvarósi (Hungria), Internazionale de Milão (Itália), Barcelona (Espanha), FC Porto (Portugal), AC Milan (Itália), Sporting (Portugal), Paris Saint-German, Sevilla (Espanha) ou Valência (Espanha). Os únicos clubes estrangeiros que conseguiram derrotar a Seleção Brasileira foram o Arsenal (Inglaterra), Dublin (Uruguai) e Racing (França).

A casa da Seleção Brasileira

O Estádio do Maracanã pode ser considerado a casa da Seleção Brasileira. Foi lá que o escrete se apresentou mais vezes, 112. Antes de 1950 - ano da inauguração do Maracanã – os estádios de eleição da Seleção eram São Januário e Laranjeiras, no Rio de Janeiro. Mas o Maracanã veio "secar" tudo à volta. Os números dizem tudo sobre os cinco estádios brasileiros mais utilizados pela Seleção canarinha até hoje:

ESTADIO	JOGOS
1º Maracanã (Rio de Janeiro)	112
2º Pacaembu (São Paulo)	25
3º Morumbi (São Paulo)	24
4º Mineirão (Belo Horizonte)	19
5º Laranjeiras (Rio de Janeiro)	18

Seleção Brasileira ganha ao Homem na Lua

A partida entre o Brasil e a Inglaterra, pela Copa do Mundo de 1970, bateu todos os recordes de audiência. No dia 7 de junho, milhões de torcedores sintonizaram a TV para assistirem à partida transmitida em direto. Para se ter idéia da dimensão do êxito, diga-se que essa partida teve mais audiência do que a chegada do Homem à Lua, transmitida no ano anterior. Um dos motivos do êxito foi a presença do comentarista João Saldanha nos estúdios da TV Globo, ele que apenas três meses antes do início da Copa havia sido substituído no comando do escrete canarinho por Mário Zagallo.

Copa Rio Branco

A Copa Rio Branco foi criada em 1916, pelo Governo uruguaio, com o objetivo de aproximar Brasil e Uruguai. Mas a primeira edição disputou-se apenas em 1931. A Seleção Brasileira venceu seis dos 10 troféus disputados, e ainda dividiu um (1967) após três jogos e outros tantos empates.

ANO	CAMPEÃO
1931	Brasil
1932	Brasil
1940	Uruguai
1946	Uruguai
1947	Brasil
1948	Uruguai
1950	Brasil
1967	Brasil e Uruguai
1968	Brasil
1976	Brasil

Único técnico negro

A Seleção Brasileira teve apenas um técnico negro em toda a história: Gentil Cardoso. Este pernambucano, que ficou famoso com algumas frases que soltou, dirigiu o escrete em apenas cinco partidas. Comandou a Seleção no Sul-Americano Extra de 1959, dirigindo um conjunto formado por jogadores dos três principais clubes de Pernambuco (Náutico, Santa Cruz e Sport). Não foi além do 3º lugar no torneio com duas vitórias e duas derrotas.

Gols em todos os jogos do tri

Jairzinho foi o único jogador campeão do mundo a marcar gols em todos os jogos. Aconteceu na Copa de 1970, no México. Foram sete gols em seis jogos:

JOGO	GOLS
Brasil 4 x 1 Checoslováquia	2
Brasil 1 x 0 Inglaterra	1
Brasil 3 x 2 Romênia	1
Brasil 4 x 2 Peru	1
Brasil 3 x 2 Uruguai	1
Brasil 4 x 1 Itália	1

O azul da sorte

Brasil e Suécia chegaram à final da Copa de 1958. Os dois times tinham uniforme amarelo, por isso houve necessidade de fazer um sorteio para decidir quem jogaria com a camisa original. Deu Suécia e o Brasil foi obrigado a jogar de azul. O chefe da delegação, Paulo Machado de Carvalho, conhecido pelos dotes de motivação do grupo, recebeu a notícia por telefone e preparou imediatamente uma reação gritada: "era isso que eu queria, o azul era a cor do manto de Nossa Senhora Aparecida, vamos ganhar!". Assim aconteceu.

Juízes finalistas da Copa do Mundo

Até hoje, apenas dois árbitros brasileiros dirigiram finais de Copas do Mundo: Arnaldo César Coelho e Romualdo Arppi Filho. Curiosamente, o fato ocorreu em duas Copas consecutivas:

ARBITRO	COPA	FINAL		
Arnaldo César Coelho	1982	Itália	3 x 1	Republica Federal da Alemanha
Arppi Filho	1986	Argentina	3 x 2	Republica Federal da Alemanha

Gols "redondos" na Copa do Mundo

Três jogadores brasileiros estão na história da Copa do Mundo por terem marcado alguns dos gols "redondos" do torneio:

GOL	MARCADOR	ADVERSARIO	COPA
300	Chico	Espanha	1950
1200	Sócrates	Espanha	1986
1400	Müller	Escócia	1990

"Complexo de vira-lata"

A expressão foi inventada pelo escritor e dramaturgo Nelson Rodrigues para explicar o fracasso da Seleção Brasileira na final da Copa do Mundo de 1950, frente ao Uruguai, no Maracanã. O chamado "Maracanazo" teria sido fruto, segundo Nelson Rodrigues, da tentação que os brasileiros tinham para enaltecer tudo o que vinha de fora, o que os impedia de obter sucesso nas disputas internacionais. O dramaturgo repetiu a frase, "complexo de vira-lata", até à exaustão. Mas em 1958, a Seleção contrariou a tese. O Brasil foi campeão do mundo e perdeu esse complexo de inferioridade.

Único goleiro bicampeão do mundo

Gilmar conserva até hoje um título raro: é o único goleiro campeão do mundo por duas vezes, em 1958 (Suécia) e 1962 (Chile). Nas duas Copas Gilmar foi titular absoluto da baliza canarinha. Na Copa de 58 – na qual sofreu apenas três gols e esteve 360 minutos invicto - foi mesmo eleito o melhor goleiro do torneio.

⚽

Um amistoso histórico

A 18 de agosto de 2004 a Seleção Brasileira realizou um dos jogos mais importantes da sua história. O mais curioso é que não estava em disputa nenhum troféu, a partida era de caráter particular: Haiti x Brasil, o "Jogo da Paz". Com o país mergulhado na guerra, os jogadores brasileiros foram transportados em carros blindados brancos até ao estádio, na capital Porto Príncipe. As manifestações de carinho, e até de fanatismo, junto da Seleção canarinha foram comoventes. Um líder comunitário numa favela chegou a soltar uma frase que ficou célebre: "O Brasil veio ao Haiti com a sua arma mais poderosa, o futebol". Durante breves instantes, o escrete teve o condão de calar as armas. A viagem valeu inclusive um documentário, "O dia em que o Brasil esteve aqui", dirigido por Caíto Ortiz e João Dornelas. A partida foi uma idéia do presidente Lula da Silva na tentativa de contribuir para a missão de paz que as tropas brasileiras lideravam no local, após o violento período que se seguiu à deposição do presidente Jean-Bertrand Aristide, em fevereiro de 2004. O resultado foi o menos importante, mas já agora aqui fica: goleada do Brasil, 6 x 0.

⚽

Copa de sonho

Nunca uma seleção realizou uma Copa do Mundo com tanta eficácia como o Brasil em 2002. Foram sete vitórias em sete partidas, com 18 gols marcados e apenas quatro sofridos:

COPA	JOGO	FASE	DATAL
2002	Brasil 2 x 1 Turquia	grupos	03/06/02
2002	Brasil 4 x 0 China	grupos	08/06/02
2002	Brasil 5 x 2 Costa Rica	grupos	13/06/02
2002	Brasil 2 x 0 Bélgica	oitavas-de-final	17/06/02
2002	Brasil 2 x 1 Inglaterra	quartas-de-final	17/06/02
2002	Brasil 1 x 0 Turquia	meia-final	26/06/02
2002	Brasil 2 x 0 Alemanha	final	30/06/02

Maiores goleadas contra seleções nacionais

JOGO	DATA	COMPETIÇÃO	LOCAL
1ª Brasil 10 x 1 Bolívia	10/04/49	Campeonato Sul-Americano	São Paulo (Brasil)
2ª Brasil 9 x 0 Colômbia	23/03/57	Campeonato Sul-Americano	Lima (Peru)
3ª Brasil 9 x 1 Equador	03/04/49	Campeonato Sul-Americano	Rio de Janeiro (Brasil)
4ª Brasil 8 x 0 Bolívia	14/07/77	Elim. Copa do Mundo 1978	Cáli (Colômbia)
Brasil 8 x 0 EAU	12/11/05	Amistoso	Abu Dhabi (Emirados Arabes Unidos)

Gestos técnicos famosos

Pelé
Drible da vaca; gol de placa; drible do chapéu; paradinha.

Rivellino
Drible do elástico.

Didi
Folha seca.

Domingos da Guia
Domingada.

Nílton Santos
Lençol.

Leônidas
Bicicleta.

Garrincha
Drible do finge-que-vai-e-vai.

Zico
Chute de três dedos.

Sócrates
Passe de calcanhar.

Romário
Passe de letra.

Robinho
Drible do vem prá cá, que eu vou prá lá; pedalada.

Copa relâmpago

A Copa do Mundo de 1934, na Itália, foi a mais curta de sempre para a Seleção Brasileira. O escrete realizou apenas uma partida, frente à Espanha, e perdeu 1 x 3, sendo imediatamente eliminado ainda na 1ª fase. Foi também a pior classificação do Brasil em Copas do Mundo: 14º lugar. A Seleção viajou durante 11 dias, de navio, chegou e jogou três dias depois. Despediu-se da Copa e viajou para Belgrado onde realizou um amistoso com a Iugoslávia.

Líderes na Copa das Confederações

O Brasil é bicampeão da Copa das Confederações, uma competição disputada desde 1992 e que reúne oito seleções: os seis campeões das respectivas confederações, o país-sede e o campeão mundial. Vale a pena conferir algumas curiosidades brasileiras da competição:

CAMPEÕES	Nº DE VEZES	
Brasil	2	1997 e 2005
França	2	2001 e 2003
México	1	1999
Dinamarca	1	1995
Argentina	1	1992

ARTILHEIROS	GOLS	
Romário	7	1997
Adriano	5	2005

Bicampeões – Apenas dois jogadores brasileiros estiveram nas duas edições conquistadas pelo Brasil: o goleiro Dida e o médio Zé Roberto.

Lágrimas históricas

A 29 de julho de 1958, após 90 minutos históricos para o futebol brasileiro, a Seleção canarinha conquistava a primeira Copa do Mundo, em Estocolmo, frente à Suécia (5 x 2). O jogo terminou e o mundo assistiu a uma das imagens mais fortes daquela Copa: os jogadores brasileiros ficaram perfilados no centro do campo, escutando o hino nacional, com Zagallo e Pelé chorando como crianças. Depois, o Rei Gustavo Adolfo desceu da tribuna até ao gramado, e entregou a Taça Jules Rimet ao capitão Bellini, em cima de um palanque de madeira.

Números míticos

1
Gilmar
Félix
Taffarel
Marcos
Júlio César

2
Bellini
Jorginho
Cafu
Djalma Santos

3
Lúcio

4
Carlos Alberto

5
Toninho Cerezzo
Clodoaldo
Zito

6
Nílton Santos
Júnior
Branco
Roberto Carlos

7
Garrincha
Jairzinho
Bebeto
Adriano

8
Didi
Gérson
Sócrates
Dunga

9
Tostão
Careca
Ronaldo
Vavá
Ademir

10
Pelé
Zico
Raí
Rivaldo
Kaká

11
Rivellino
Eder
Romário
Ronaldinho Gaúcho

15
Falcão

16
Leonardo

20
Amarildo
Vavá

21
Zagallo

Goleiros mais internacionais na Seleção principal

	GOLEIRO	JOGOS
1º	Taffarel	108
2º	Emerson Leão	104
	Gilmar Neves	104
4º	Dida	90
5º	Julio César	45
6º	Carlos	44
7º	Felix	39
8º	Waldir Peres	30
9º	Castilho	29
	Marcos	29

⚽

Copa América fora de casa

A primeira Copa América conquistada pela Seleção Brasileira fora de casa aconteceu em 1997, na Bolívia. Os brasileiros tiveram dois adversários na final disputada a 29 de julho: a Bolívia e a altitude de La Paz (3660 metros). Os comandados de Mário Zagallo venceram de forma inequívoca (3 x 1) com gols de Denilson, Ronaldo e Zé Roberto. Até aí, os campeonatos de 1919, 1922, 1949 e 1989 haviam sido todos ganhos no Brasil.

⚽

Copa do Mundo em artes plásticas

As Copas do Mundo têm servido de pretexto à realização de inúmeras iniciativas culturais, nomeadamente relacionadas com as artes plásticas. Eis alguns exemplos disso:

COPA	EXPOSIÇÃO	LOCAL
1968	O artista brasileiro e a iconografia de massa*	Escola Superior de Desenho Industrial
1982	Universo do Futebol	Museu de Arte Moderna (Rio de Janeiro)
2002	Arte Futebol	Museu Nacional de Belas Artes (Rio de Janeiro)
2002	Pelé – A arte do Rei	Museu de Arte de São Paulo
2006	Futebol – Desenhado sobre fundo verde	Centro Cultural Banco do Brasil (Rio de Janeiro)

* A exposição não foi especificamente sobre futebol mas continha pelo menos três obras dedicadas a Pelé, ao lado de outras figuras mediáticas como Roberto Carlos, Chacrinha, Che Guevara ou Super-Homem.

"Filhos" do escrete

A história tem registrado alguns casos de crianças cujos nomes têm origem em craques do futebol brasileiros que brilharam em Copas do Mundo. Eis alguns exemplos:

Bruna Taffarel de Carvalho e Igor Taffarel Marques

Os dois nasceram durante a decisão da semi-final entre Brasil e Holanda, para a Copa de 1998, que a Seleção Brasileira venceu graças a uma defesa do goleiro Cláudio Taffarel.

Gilmar Rinaldi

O goleiro reserva da Seleção tetracampeã na Copa de 1994 tem esse nome porque o pai quis homenagear outro goleiro: Gilmar Neves, bicampeão do mundo (1958 e 1962).

Rivellino Espinosa

O filho do técnico Valdir Espinosa ganhou este nome em homenagem ao craque Roberto Rivellino que brilhou nas copas de 1970, 1974 e 1978.

Tospericagerja

Os amigos chamam-lhe Tosperi, por ser mais simples de pronunciar. Nasceu em 1970, ano em que o Brasil conquistou o tricampeonato e apresentou o melhor futebol de todos os tempos. O nome surgiu em homenagem aos seis craques – primeiras letras de cada um - que formavam aquela Seleção: Tostão, Pelé, Rivellino, Carlos Alberto, Gérson e Jairzinho.

Copas conquistadas em casa alheia

Dos sete países que, até hoje, conquistaram a Copa do Mundo, o Brasil foi o único que não ganhou nenhum título na qualidade de anfitrião. Uruguai (1930), Itália (1934), Inglaterra (1966), Alemanha (1974), Argentina (1978) e França (1998) ganharam as respectivas Copas em casa. As cinco conquistas brasileiras aconteceram todas fora de portas:

ANO	PAÍS
1958	Suécia
1962	Chile
1970	México
1994	Estados Unidos
2002	Coreia/Japão

Todos os troféus

COPA AMÉRICA – 7
1919, 1922, 1949, 1989, 1997, 2004, 2007

COPA DAS CONFEDERAÇÕES DA FIFA – 2
1997, 2005

JARRITO DE OURO – 1
1956

TAÇA FIFA – 2
1994, 2002

TAÇA JULES RIMET – 3
1958, 1962, 1970

COPA RIO BRANCO – 7
1931, 1932, 1947, 1950, 1967, 1968, 1976

TAÇA RODRIGUES ALVES – 2
1922, 1923

COPA ROCA – 8
1914, 1922, 1945, 1957, 1960, 1963, 1971, 1976

CAMPEONATO PAN-AMERICANO – 2
1952, 1956

TORNEIO BICENTENÁRIO DOS EUA – 1
1976

TAÇA BRASIL X INGLATERRA – 1
1981

TROFÉU SPORT BILLY – 2
1978, 1982

COPA UMBRO – 1
1995

TAÇA CHALLENGE LAWTON – 1
1966

TAÇA CONSELHO NACIONAL
DE DESPORTOS – 1
1950

TAÇA DO ATLÂNTICO – 3
1956, 1960, 1976

TAÇA EQUITATIVA – 1
1950

TAÇA INDEPENDÊNCIA – 1
1972

TAÇA OSWALDO CRUZ – 8
1950, 1955, 1956, 1958, 1961,
1962, 1968, 1976

TORNEIO DA AMIZADE – 1
1992

TORNEIO BICENTENÁRIO
DA AUSTRÁLIA – 1
1998

TROFÉUS CORÉIA/JAPÃO
(COPA DO MUNDO) – 1
2002

TROFÉU FIFA TOP TEAM – 9
1995, 1996, 1997, 1998, 1999, 2002,
2003, 2004, 2005

VASO ARTÍSTICO
DO PAÍS DE GALES – 1
1958

TAÇA WEMBLEY – 1
1956

TAÇA STANLEY ROUS – 1
1987

TAÇA BERNARDINO
O'HIGGINS – 5
1955, 1957, 1959, 1961, 1966

Este livro também é dedicado
aos que honraram os valores da Pátria Amada
e agora formam uma super-equipa
"lá em cima".

Posfácio
Lúcio Capitão da Seleção Brasileira de Futebol

Posfácio
Lúcio

Abençoado escrete

Quem não recorda com enorme emoção a imagem de uma seleção - a do Brasil - ajoelhada no círculo central do estádio Yokohama, após a final da Copa do Mundo, em 2002? Aqueles jogadores, comissão técnica e restantes membros da delegação, não comemoravam apenas a conquista de um título mundial. Aqueles brasileiros, de mãos dadas, olhos cerrados e cabeça erguida na direcção do céu, partilhavam essa alegria com o responsável principal por tudo aquilo: Deus.

Esta comunhão de uma equipa e de uma nação com Ele, é muito nossa. Dificilmente veremos manifestações de fé tão fortes em outras seleções. Nós sentimos, de uma forma especial, essa necessidade de partilha, seja em momentos de glória seja na mais profunda tristeza. A vida não é feita apenas de sorrisos e Ele está sempre lá para nos enxugar as lágrimas.

Sinto-me um iluminado por fazer parte deste grupo. Quando entro no gramado não levo apenas a camisa amarela, o calção azul e a chuteira preta. Esse é um motivo de grande orgulho – claro - mas não me diferencia de outros jogadores. Quando entro no gramado, levo comigo os valores que aprendo diariamente com Jesus. Esse é o meu diferencial. Jogo com Ele no coração e na ponta das chuteiras.

Naquela noite, no estádio Yokohama, também fiz questão de mostrar outra camiseta, por baixo da amarela, com a frase "Jesus loves you". Era a minha mensagem ao mundo. Queria dizer como eu gostaria que todos tivessem esta maravilhosa experiência com Ele.

O fato de colocar aquela braçadeira azul de capitão por cima da camisa amarela, aumenta a minha responsabilidade. Perante o grupo e perante Deus. Mas não é uma responsabilidade maior do que aquela que terei quando abandonar o futebol e virar um cidadão comum. Serei o marido dedicado à super especial Dione e o pai babado dos maravilhosos Vitória e do João Victor. Serei simplesmente Lucimar, um cidadão em paz.

Este livro, simbolicamente chamado de "Bíblia", mostra muitos dos pedaços de história vividos pela canarinha. A história de uma seleção especial e sempre fiel aos valores de um povo crente. É isso que vocês vão encontrar aqui. Uma história bela, abençoada e sem fundamentalismos. A história desta "religião" que é o escrete.

Não sei se Deus é brasileiro, como muitos dizem. Mas que Ele ama de mais este povo, disso eu não tenho dúvidas!

Lucio

Índice Remissivo e bibliografia

Índice Remissivo

A

Abatte 100
Abelardo 17
Acácio 72, 122, 136, 139
Ademar Pimenta 27, 84, 90, 101, 103
Ademir da Guia 36, 135,
Ademir Menezes 36, 53, 57, 58, 110, 121, 126, 133, 135, 158, 173
Adílio 36
Adriano 26, 80, 159, 162, 184, 185
Adriano Claro 162
Afonsinho 27
Afonso 175
Afonso de Castro 161
Agrícola 28
Airton Vieira de Moraes 56
Alberto Borghert 144
Alberto Isaac 85
Alberto Leguelé 171
Alberto Malcher 56
Aldair 23, 45, 63, 81, 98, 108, 121, 122, 124, 137, 150
Alemão 18, 99, 122
Alessandro 98
Alex 80, 123, 127, 159, 162, 164, 175
Alex Costa 175
Alex Kamianecky 36
Alexandre da Costa 178
Alexandre Pato 18
Alfredo Ramos 108, 176
Almelda Rego 28, 56, 100, 113
Altair 32, 36, 147
Álvaro Catão 113
Álvaro Zamith 79, 113
Alzira Vargas 41
Amaral 151
Amarildo 36, 37, 39, 74, 135, 147
Amílcar 37, 93, 98, 100, 103, 111, 118
Amoroso 127, 146

Ana Luiza Azevedo 149
Anderson 175
Anderson Polga 78, 130
André 173
André Cruz 122, 136
Antônio Carlos 117, 127, 146, 173
Antônio Fagundes 149
Antônio Leal 85
Ariovisto de Almeida Rêgo 113
Armandinho 33
Armando Marques 56
Armando Nogueira 75, 116, 134, 172
Arnaldo 37, 111
Arnaldo César Coelho 34, 56, 63, 181
Arnaldo Guinle 113
Arturo Yamasaki 27
Assis 36
Attila 33
Augusto 25, 87, 110, 125, 126, 172
Aymoré Moreira 15, 31, 34, 39, 49, 78, 90, 100, 101, 102, 129, 147

B

Bahia 27
Baldochi 66
Baltazar (jogador anos 50) 133, 135
Baltazar (jogador anos 80) 122
Barata 16, 77
Barbosa 36, 65, 72, 87, 102, 110, 126, 139, 141, 143, 149, 172, 186
Barthô 96, 118
Bartolomé Macías 174
Batalha 156
Batatais 28, 139
Bauer 25, 34, 87, 110, 141, 172, 176
Bebeto 18, 24, 36, 38, 45, 58, 63, 64, 80, 81, 98, 122, 123, 132, 134, 136, 142, 150, 155, 166, 173, 178, 185
Begliomini 91

Belletti 83, 108, 130
Bellini 23, 25, 27, 31, 32, 36, 51, 83, 86, 108, 140, 141, 147, 148, 184, 185
Beto 127
Bianchi 171
Bianco 37, 111, 120
Bigode 18, 87, 110, 116
Bodinho 16
Bordon 162
Boris Fausto 76
Branco 18, 32, 36, 45, 63, 81, 120, 122, 150, 160, 178, 185
Brandão 27
Brilhante 20, 125
Brito 36, 50, 66, 88, 104, 158

C

Cabeção 116
Cafu 74, 137, 146
Caju 28
Campos 28
Canário 16
Candinho 101
Canhotinho 110
Careca 18, 24, 48, 64, 58, 116, 155, 160, 173, 185
Carlos 40, 41, 80, 127, 139, 143, 151, 160, 186
Carlos Alberto da Silva 43, 67, 100, 129, 158
Carlos Alberto Parreira 26, 48, 80, 81, 83, 90, 100, 101, 109, 110, 112, 131, 151, 158, 162, 166
Carlos Alberto Pintinho 116
Carlos Alberto Torres 25, 32, 36, 49, 50, 61, 66, 88, 94, 104, 135, 185, 187
Carlos Eugênio Simon 56

Índice Remissivo

Carlos Froener 100
Carlos Germano 23, 139
Carlos Isola 15
Carlos Nascimento 57
Carnera 27
Carpegiani 36
Carregal 37
Carreiro 28
Carvalho Leite 33
Casemiro do Amaral 96
Castelhano 99
Castilho 32, 34, 36, 41, 51, 102, 135, 139, 142, 143, 147, 186
Célio Silva 23
César Sampaio 23, 73, 98
Charles 62
Chico Fraga 171
Chico Netto 87, 96, 103
China 99
Chinesinho 99, 132
Christian 127
Cicinho 108
Cláudio Adão 36
Cláudio Coutinho 18, 36, 90, 94, 100, 101, 129, 147, 154, 169
Cláudio Pinho 110, 122, 172
Claudiomiro 33
Cléber 173
Clive Thomas 178
Clodoaldo 50, 66, 94, 149
Coelho 16
Coelho Neto 102
Coronel 156
Cris 80, 117, 162
Cristóvão 122
Cuca 116

D

Dalva Lazaroni 52
Daniel Alves 98, 175
Daniel Piza 177
Danilo Alvim 34, 87, 110, 126
Dário Santos 66
De Sordi 51, 83, 109
Del Debbio 83, 100
Denílson 23, 43, 87, 108, 119, 124, 130, 137, 164, 173, 186
Dequinha 36
Dida (anos 2000) 19, 25, 65, 72, 127, 130, 134, 139, 143, 146, 184, 186
Dida (anos 50) 22, 36, 51, 88
Didi 19, 22, 27, 36, 39, 51, 57, 61, 63, 74, 75, 82, 135, 147, 178, 183, 135
Diego 162, 175
Dino 51, 77, 83
Dirceu Lopes 36, 164
Djalma Santos 27, 29
Djalminha 23, 97, 98
Domingos da Guia 31, 61, 83, 135, 156, 183
Doni 164
Donizete 62
Dudu Cearense 70, 162
Dunga 19, 23, 25, 32, 36, 44, 45, 63, 67, 73, 81, 82, 98, 101, 121, 122, 124, 137, 150, 160, 164, 165, 175, 178, 185
Dyonísio 17

E

Edevaldo 108
Edilson 130
Edinho 25, 36, 40, 80, 171
Edmilson 74, 130
Edmundo 23, 36, 124, 137
Edson Cegonha 16
Edu Antunes 36

Edu Manga 28
Eduardo Lima 81
Elano 164, 175
Elber 117
Ely do Amparo 110, 126
Emerson 43, 81, 117, 127, 146, 155
Erivelto 171
Ernesto Paulo 110
Escurinho 120
Esteban Marino 37
Eudes 171
Evanílson 98, 127
Evaristo 148
Everaldo 50, 66, 78

F

Fábio Luciano 80, 162
Falcão 16, 36, 40, 62, 110, 135, 151, 185
Felipe 162, 173
Felipe Nepomuceno 85
Félix 32, 36, 50, 76, 104, 121, 143, 185
Fernando 175
Ferreira Vianna Netto 17, 77, 96, 118
Filó 28, 93
Filpo Nuñes 42
Flávio Conceição 23, 84, 124, 127, 137, 146
Flávio Costa 49, 87, 90, 91, 108, 125, 172
Flecha 156
Fontana 66, 67
Formiga 16, 17, 96, 118, 176
Fortes 37, 96, 111, 116, 118
França 99
Friaça 87
Friedenreich 17, 29, 37, 43, 64, 73, 76, 93, 96, 111, 135, 137, 147, 162, 178

199

Índice Remissivo

G

Galo 16, 37
Garrincha 22, 24, 27, 36, 37, 39, 51, 61, 74, 84, 94, 135, 147, 166, 182, 185
Gentil Cardoso 180
Geovani 36, 136
Gerd Müller 76
Gérson 50
Getúlio Vargas 41, 65
Gil Baiano 62, 70, 98
Gilberto 164, 175
Gilberto Gil 141
Gilberto Silva 74, 130, 134, 175
Gilmar 27, 39, 70, 81, 82, 88, 89, 94, 102, 135, 139, 143, 146, 147, 157, 176, 182, 185, 186, 187
Giulite Coutinho 113, 159
Goiano 70
Gonçalves 23, 137
Gringo 99
Gustavo Adolfo 184
Gustavo Nery 17, 26, 159, 162

H

H. Robinson 73
Haroldo 37, 103
Heitor 37, 64, 93, 96, 111
Heleno de Barros Nunes 113
Heleno de Freitas 57
Helton 175
Hércules 156
Hilton Gosling 57
Humberto Mauro 85
Humberto Tozzi 176

I

Ipojucan 34, 36, 176
Isaías 91

Itália 99

J

Jaburu 16
Jair 87, 147, 158
Jair da Costa 94, 128
Jair Marinho 32
Jair Rosa Pinto 36, 48, 91, 110, 121, 122, 126, 172
Jairo 72
Jairzinho 33, 36, 48, 50, 64, 66, 74, 88, 89, 104, 112, 135, 146, 147, 165, 170, 178, 180, 185, 187
Japonês 99
Jaú 27, 33
João Carlos 127, 146
João Etzel Filho 56
João Havelange 31, 103, 113
João Saldanha 17, 45, 104, 179
Joãozinho 151
Joel 51, 82, 88, 94, 104, 125, 143
Joel Camargo 66
Joel Martins 36
Jorge Furtado 149
Jorginho 25, 36, 63, 80, 81, 98, 136, 185
José Carlos Asberg 55
José de Almeida 91
José Eduardo de Macedo Soares 113
José Luís Runco 81
José Roberto Torero 86, 130
José Roberto Wright 56
Josimar 98, 108, 122, 135
Josué 36, 164, 175
Juan 26, 64, 134, 159, 162, 164, 175
Juca Kfouri 152
Julinho 34, 36
Júlio Baptista 80, 162, 164, 175
Júlio César 139, 158, 162

Júlio Roca 171
Juninho Paulista 70, 88, 117, 123, 130
Juninho Pernambucano 70, 80
Júnior 36, 48, 118, 124, 129, 135, 151, 185
Junior Baiano 70, 84, 98, 124
Juqueira 96
Jurandir 83, 147
Juvenal 87

K

Kaká 83, 123, 130, 133, 134
Kleber 130
Kléberson 58, 62, 74, 80, 159, 162
Kuntz 77, 96, 118

L

Lagarto 16
Laís 37, 77, 96, 118
Lamartine Babo 172
Lauro Müller 72
Leão 16, 25, 36, 41, 48, 60, 66, 89, 121, 135, 139, 143, 160, 186
Lelé 91
Leonardo 23, 81, 83, 98, 137, 142, 176, 185
Leonardo Gagliano Neto 123
Leônidas da Silva 25, 33, 36, 49, 58, 61, 64, 65, 85, 86, 108, 119, 126, 132, 135, 136, 183
Lima 28, 36, 91
Lúcio 74, 82, 130, 134
Luis Alberto 171
Luis Fabiano 159, 162
Luis Felipe Scolari 43, 63, 74, 81, 90, 112, 117, 130, 152
Luís Pereira 25, 36
Luisão 134, 159, 162
Luisinho Lemos 36

Índice Remissivo

Luiz Aranha 113
Luiz Vinhais 99
Lula 16, 72
Lula da Silva 182
Lusa Silvestre 156, 170

M

Machado 77, 156
Magrão 116
Maicon 98, 134, 159, 162, 164, 175
Mancini 80, 162
Manga 28, 36, 72, 92, 119, 139, 143
Maradona 24, 80, 119
Marcelinho Carioca 70, 173
Marcelinho Paraíba 70
Marcelinho Paulista 70
Marcelo Neves 157
Marcial 156
Márcio Rezende de Freitas 56, 63
Márcio Santos 23, 63, 81
Marco Antônio Feliciano 32, 66
Marcos 74, 80, 107, 127,130, 139, 143, 185, 186
Marcos Assunção 173
Marcos Carneiro de Mendonça 17, 69, 96, 111, 144
Marcos Paulo 127
Marinho Chagas 25, 36
Marinho Peres 25
Mário Américo 83
Mário Gardelli 56
Mário Trigo 75, 131
Mário Vianna 56
Martim Silveira 25
Matheus Fernandes 140
Maurice Guigue 83
Maurício Sherman 65
Mauro 39, 94, 110, 126, 147, 171, 172, 176

Mauro Galvão 122, 150
Mauro Ramos de Oliveira 148
Mauro Silva 63, 109
Mazinho 39, 45, 60, 63, 75, 81, 122, 150
Mazzola 51, 60, 155
Médio 116
Mengálvio 94
Millon 37, 111
Mineiro 70, 164, 175
Moacir 51, 62, 88, 108
Moderato 113
Mozer 104
Müller 61, 83, 122, 173, 181
Murilo Salles 65

N

Naldo 175
Nariz 116
Neco 37, 43, 57, 64, 96, 103, 111
Nelinho 96, 108, 135, 151, 170, 178
Nelsinho 62
Nelson Rodrigues 77, 105, 181
Nesi 96
Neto 61, 62, 116, 123
Niginho 27
Nilo Murtinho Braga 31, 125
Nilton Batata 28
Nilton Santos 27, 36, 39, 51, 135
Nininho 110, 122, 172
Nono 177
Noronha 91, 110, 126, 172

O

Oberdan 91
Octávio 110
Octavio Pinto Guimarães 113
Odvan 127
Oreco 51, 65

Orlando Peçanha 25, 36, 86, 110
Orlando Torres 77, 162
Óscar Rodrigues da Costa 113
Osman 17
Osvaldo Baliza 110
Oswaldo Brandão 31, 100, 101, 142, 177
Oswaldo Gomes 17, 80, 113

P

Palamone 37, 96, 118
Pamplona 99
Pampolini 36
Paraná 70
Patesko 27
Paulo Amaral 57, 90
Paulo Borges 36, 119
Paulo César Lima 119
Paulo Henrique 36, 110
Paulo Machado de Carvalho 31, 57, 93
Paulo Nunes 23
Paulo Roberto 93
Paulo Sérgio 81, 139
Pavão 16
Pedrosa 108, 113
Pelé 22, 24, 27, 33, 36, 38, 48, 50, 51, 52, 57, 58, 60, 61, 64, 66, 76, 82, 88, 89, 91, 94, 111, 104, 120, 128, 131, 132, 133, 135, 140, 141, 147, 157, 165, 166, 168, 170, 173, 174, 175, 143, 184, 185, 186, 197
Pepe 36, 51, 93, 94, 135, 147
Pequeno 116
Pernambuco 70
Piazza 25, 50, 66, 67, 96, 104
Picagli 37
Pindaro de Carvalho Rodrigues 17, 37, 104, 111, 125
Pinga 24, 36

Índice Remissivo

Pinheiro 28, 34, 36
Pintinho 16
Piolim 91
Preguinho 25, 48, 102, 113, 125

Q

Quarentinha 36, 133

R

Raí 25, 81, 185
Ramón Ruiz 119
Rato 16
Raul Plasmann 36
Reinaldo 36, 162
Renato (anos 70) 139
Renato (anos 2000) 159, 162
Renato Gaúcho 36, 70, 128, 155
Renato Marsiglia 56
Renato Pacheco 113
Rey 27
Ricardinho 65, 81, 130
Ricardo Gomes 25, 122, 150, 155
Ricardo Oliveira 80, 162
Ricardo Rocha 64, 81, 86
Ricardo Teixeira 103, 113
Rildo 104
Rinaldo 61
Rivadávia Correa Mayer 113
Rivaldo 34, 58, 64, 74, 81, 98, 117, 127, 130, 131, 146, 173, 185
Rivellino 24, 25, 33, 36, 48, 50, 58, 64, 65, 66, 73, 89, 94, 119, 135, 142, 165, 177, 178, 183, 185, 187
Roberto 27, 66, 134, 170
Roberto Batata 28
Roberto Carlos 22, 23, 66, 74, 80, 82, 89, 92, 98, 117, 121, 127, 130, 137, 146, 151, 165, 176, 178, 185, 186
Roberto Cearense 70
Roberto Dinamite 36, 135, 156
Roberto Miranda 36, 74, 108, 119
Roberto Rojas 68
Robinho 164
Rodrigues 118
Rogério Ceni 83, 130, 139
Rogério Martins 85
Rolando 17
Romário 63, 150
Romerito 36
Romeu Pellicciari 84
Romualdo Arppi Filho 56
Ronaldinho Gaúcho 74
Ronaldo (Fenômeno) 22, 23, 36, 44, 57, 58, 64, 67, 74, 76, 80, 81, 82, 87, 89, 92, 97, 98, 123, 127, 130, 135, 137, 146, 164, 165, 166, 173, 178, 185, 186
Roque Júnior 74, 117, 130
Rosemiro 171
Rubens Salles 17, 144, 171
Russo 99
Ruy 91, 110, 172
Ruy Barbosa 72

S

Salvador 70
Samarone 36
Santos 171
Sávio 123, 133
Sebastião Lazaroni 62, 90, 122, 129, 136, 150
Sebastião Leónidas 36
Serginho 127, 135
Sérgio Dantas 144
Sérgio Pires 37, 111
Sidney 99
Sidney Pullen 96
Silas 45, 67, 122, 150
Silva Batuta 36
Simão 110, 122, 126, 172
Sócrates 24, 25, 36, 48, 87, 135, 152, 169, 181, 183, 185
Sylvio Correa Pacheco 113
Sylvio Lagreca 15, 17
Sylvio Pirillo 128

T

Taffarel 23, 35, 41, 43, 45, 63, 81, 82, 89, 98, 121, 122, 137, 139, 143, 150, 165, 178, 185, 186, 187
Tarciso 151
Tatu 16, 96, 118
Telê Santana 36, 41, 85, 90, 127, 129, 151
Telefone 77
Tesourinha 57, 91, 110, 126
Tim 27
Tita 36, 48, 122
Toninho 136, 151, 185
Tostão 24, 25, 36, 48, 50, 66, 67, 104, 111, 118, 135, 173, 174, 185, 187
Turcão 176

U

Uidemar 136

V

Vágner Love 162, 164, 175
Valdemar Carabina 156
Valdir Peres 41, 139, 143, 186
Valdo 45, 122, 150
Valdomiro 86, 108
Vampeta 65, 127, 130, 173
Vanderlei Luxemburgo 127, 128, 146, 173
Vasconcelos 176

Índice Remissivo

Vavá 27, 36, 39, 51, 60, 64, 86, 120, 135, 147
Velloso 62, 156
Vicente Feola 27, 31, 34, 42, 51, 90, 168, 174, 175, 176
Viola 65, 81

W
Waldo 36
Washington 29, 36, 99, 136
Wilson 110
Wladimir Bernardes 113

X
Xingô 96

Z
Zagallo 22, 23, 27, 32, 36, 38, 39, 50, 51, 66, 74, 82, 86, 88, 89, 90, 97, 99, 102, 104, 109, 111, 112, 118, 119, 120, 121, 123, 129, 137, 147, 152, 154, 173, 170, 184, 185, 186
Zé Carlos 108, 119, 122, 171
Zé Maria 23, 69, 80, 128
Zé Roberto 23, 80, 87, 127, 134, 146, 184, 186
Zequinha 60, 147
Zetti 61, 83, 139
Zezé Moreira 15, 176
Zezé Procópio 91, 174
Zico 24, 25, 33, 36, 48, 59, 99, 127, 132, 133, 135, 151, 169, 173, 177, 178, 185
Zinho 36, 60, 63, 81, 136
Zito 27, 39
Zizinho 34, 36, 57, 61, 87, 110, 121, 122, 126, 132, 170, 171, 172
Zózimo 36, 39

Competições

Campeonatos

Campeonato Pan-Americano
15, 57, 58, 75, 97, 125
Campeonato Sul-Americano
24, 40, 59, 76, 89, 91, 96, 122, 125, 128, 137, 148, 152, 161, 162, 183

Copas

Copa América
23, 24, 26, 37, 38, 40, 43, 45, 43, 57, 62, 63, 67, 87, 91, 92, 96, 97, 98, 108, 109, 110, 111, 118, 119, 121, 126, 127, 131, 132, 136, 137, 140, 146, 150, 151, 158, 159, 162, 164, 166, 167, 170, 173, 175, 186, 188
Copa Amizade
24, 40, 48
Copa das Confederações
24, 40, 48, 67, 102, 119, 131, 139, 151, 159, 166, 184, 188
Copa do Mundo
22, 23, 24, 27, 28, 29, 30, 31, 32, 34, 35, 36, 38, 39, 40, 41, 42, 43, 44, 45, 48, 49, 50, 52, 54, 55, 56, 57, 58, 59, 62, 63, 64, 67, 68, 70, 71, 74, 76, 77, 76, 80, 82, 83, 84, 85, 86, 87, 88, 89, 90, 91, 92, 93, 94, 97, 98, 99, 102, 103, 104, 108, 109, 110, 113, 117, 119, 121, 120, 122, 125, 127, 128, 129, 130, 131, 132, 133, 136, 139, 142, 143, 145, 146, 148, 149, 150, 151, 152, 153, 154, 155, 157, 158, 160, 161, 164, 166, 167, 168, 169, 170, 173, 174, 175, 176, 177, 178, 179, 181, 182, 183, 184, 186, 187, 189
Copa Ouro
133

Copa Rio Branco
31, 34, 49, 58, 65, 78, 91, 112, 125, 126, 133, 142, 177, 180, 188
Copa Roca
30, 58, 76, 78, 84, 85, 89, 91, 102, 108, 119, 126, 128, 132, 137, 142, 144, 152, 171, 174, 176, 177, 188
Copa Umbro 67, 131, 151, 166

Jogos

Jogos Olímpicos
24, 43, 67, 131, 132, 151, 158, 166
Jogos Pan-Americanos
40, 43, 40, 57, 67, 78, 112, 171

Taças e Troféus

Taça Atlântico
25, 128, 142, 174, 176, 177
Taça Independência
76, 78, 112, 119, 121, 142, 170, 189
Taça Jules Rimet
75, 97, 140, 159, 188
Taça O'Higgins
31, 34, 58, 78, 84, 102, 125, 128, 133, 142, 174, 176
Taça Oswaldo Cruz
31, 34, 49, 58, 73, 78, 84, 91, 102, 125, 126, 132, 165, 174, 176, 189
Troféu Sport Billy
166, 183

Estádios

Barracas 168
Beira-Rio 104, 187
Centenário (Montevidéu) 78, 113, 117, 139, 155

Índice Remissivo

Cotton Bowl 38
Defensores del Chaco 79
El Viejo Gasômetro 174
Giuseppe Meazza 79
Gymnasia y Esgrima 171
Highbury Park 142
Jalisco de Guadalajara 79, 155
La Meinau 86
Laranjeiras 15, 31, 60, 64, 104, 126, 144, 147, 156, 179
Maracanã 17, 33, 36, 42, 48, 49, 53, 53, 56, 61, 63, 73, 84, 95, 108, 112, 121, 128, 140, 149, 151, 155, 169, 174, 179, 181
Mineirão 42, 155, 179
Monumental (Buenos Aires) 79, 155, 158
Monumental de Nuñez 158
Morumbi 62, 155, 174, 179
Nacional José Diaz 148
Nacional (Lima) 26, 34, 79, 155
Nacional (Santiago) 58, 78, 79, 155
Nagai 84
Nya Ullevi 116, 168
Olímpico (Porto Alegre) 167
Olympic Park 43
Pacaembu 73, 122, 176, 179
Parque Central (Montevidéu) 79, 103
Parque Pereyra 15
Santiago Bernabéu 34
São Januário 91, 179
St. James Park 160
Wembley 67, 69, 99
Yokohama 103

Clubes

Ajax 179
América 125, 139, 172
Arsenal 71, 142, 179
Atlético de Madrid 29, 179
Atlético Mineiro 48, 55, 62, 69, 71, 104, 136, 151, 153, 163, 169
Bahia 62, 153
Bangu 79, 119, 152, 153, 163
Barcelona 59, 117, 169, 173, 179
Bayer Leverkusen 59, 169
Benfica 59
Bétis de Sevilha 169
Bonsucesso 126, 172
Botafogo 27, 34, 48, 55, 74, 77, 104, 108, 119, 125, 139, 140, 163, 172
Canto do Rio 172
Corinthians 27, 48, 55, 62, 65, 71, 81, 91, 93, 139, 142, 151, 153, 163, 169, 173, 176
Coritiba 153
Deportivo da Corunha 59
Dublín 179
Exeter City 15, 17, 60, 73, 76, 137, 144, 147, 160
FC Porto 179
Ferecvárosi 179
Fiorentina 59, 179
Flamengo 29, 34, 48, 55, 62, 77, 88, 93, 96, 110, 119, 125, 136, 139, 151, 152, 153, 163, 169, 172, 173
Fluminense 32, 34, 48, 49, 55, 69, 77, 84, 91, 104, 119, 125, 134, 142, 172, 178
Galícia 153
Internazionale de Milão 94, 139, 179
Jubilo Iwata 73
Madureira 27, 172
Milan 59, 117, 139, 155, 69, 179
Millionários 179
Motherwell 30
Náutico Capibaribe 153
Palestra Itália 27, 93, 153

Paris Saint-German 59, 169, 179
Parma 169
Peñarol 65, 179
Racing 179
Real Madrid 59, 117, 169
River Plate 179
Roma 29, 59, 81, 117, 135, 169, 173
Santa Cruz 153, 180
São Cristóvão 27, 125, 172
Shimizu 73
Sport Recife 153
Torino 59
Valência 179
Vasco da Gama 27, 34, 53, 55, 60, 86, 91, 104, 117, 125, 136, 139, 163, 172, 173
Vitória 153
Yokohama 73
Ypiranga 153

Navios

Alcântara 116, 171
Arlanza 41, 84, 105
Conte Biancamano 99, 105
Conte Verde 104, 105
Júpiter 72

Cidades e Países

Alemanha 39, 40, 55, 59, 61, 62, 71, 74, 76, 77, 86, 89, 112, 113, 120, 130, 139, 143, 143, 153, 157, 159, 161, 167, 169, 181, 182, 187
Arábia Saudita 102
Argentina 15, 24, 25, 26, 27, 28, 30, 33, 37, 42, 57, 63, 69, 71, 72, 76, 77, 78, 79, 80, 85, 86, 89, 96, 97, 103, 105, 109, 111, 116,

118, 119, 120, 121, 122, 127, 128, 129, 139, 140, 142, 143, 144, 152, 153, 154, 155, 157, 158, 159, 160, 161, 162, 164, 166, 167, 168, 170, 171, 174, 175, 179, 181, 184, 187

Áustria 22, 51, 56, 62

Bolívia 23, 34, 45, 62, 69, 71, 87, 102, 110, 113, 122, 137, 139, 168, 172, 183, 186

Boston 29

Canadá 161

Chicago 29

Chile 34, 37, 48, 58, 61, 62, 63, 68, 69, 71, 75, 78, 79, 84, 85, 87, 94, 96, 97, 103, 110, 118, 127, 128, 139, 144, 147, 150, 155, 160, 162, 167, 168, 174, 175, 176, 182, 187

China 99, 106, 112, 130, 182

Coreia 35, 43, 62, 71, 84, 130, 139, 150, 169, 187, 189

Dallas 29

Detroit 29

Escócia 42, 56, 157, 181

Espanha 29, 40, 42, 59, 61, 62, 75, 77, 85, 90, 99, 104, 109, 129, 139, 147, 151, 157, 160, 169, 179, 181, 184

EUA 29, 139, 151, 160

França 27, 28, 41, 42, 51, 59, 66, 76, 77, 81, 85, 88, 90, 92, 98, 99, 105, 106, 123, 124, 125, 129, 130, 136, 139, 143, 153, 157, 160, 168, 169, 179, 184, 187

Fresno 29

Hungria 55, 76, 120, 143, 177, 179

Inglaterra 42, 49, 51, 55, 66, 67, 69, 76, 77, 79, 88, 104, 112, 115, 120, 130, 139, 147, 153, 157, 159, 160, 161, 166, 179, 180, 186, 187, 188

Itália 27, 28, 29, 34, 39, 42, 50, 55, 59, 62, 63, 66, 67, 68, 77, 79, 81, 85, 88, 90, 99, 105, 120, 125, 131, 136, 139, 143, 153, 155, 157, 161, 166, 169, 179, 180, 181, 184, 187

Iugoslávia 28, 33, 42, 48, 61, 71, 89, 125, 157, 167, 173, 184

Japão 35, 43, 56, 62, 71, 73, 84, 106, 112, 130, 139, 150, 164, 168, 187, 189

La Paz 168, 186

Los Angeles 29

México 23, 25, 26, 38, 39, 40, 53, 62, 66, 69, 71, 75, 76, 79, 90, 94, 97, 104, 119, 127, 131, 139, 146, 147, 149, 150, 155, 160, 162, 168, 173, 175, 180, 184, 187

Miami 29

New Haven 29

Noruega 161, 177

Paraguai 23, 25, 26, 51, 56, 61, 63, 69, 71, 73, 78, 79, 87, 89, 96, 110, 118, 122, 126, 127, 152, 160, 161, 162, 165, 167, 168, 169

Pasadena 29

Peru 23, 24, 26, 27, 31, 34, 58, 61, 63, 66, 69, 71, 76, 79, 97, 102, 104, 110, 118, 122, 148, 155, 160, 162, 167, 168, 170, 180, 183

Polônia 42, 76, 85, 86, 156

Portugal 59, 82, 112, 144, 170, 179

Rússia 56, 81

San Diego 29

San Francisco 29

Seattle 29

Suécia 22, 27, 42, 45, 51, 52, 55, 57, 70, 77, 81, 83, 90, 91, 93, 109, 116, 120, 131, 135, 139, 146, 150, 153, 157, 168, 170, 175, 176, 178, 181, 182, 184, 187

Suíça 78, 139, 142, 167

Tchecoslováquia 17, 39, 42, 55, 62, 66, 88, 91, 108, 119, 120, 147, 157

Uruguai 15, 17, 25, 28, 30, 31, 37, 38, 41, 42, 43, 45, 49, 52, 55, 56, 59, 61, 63, 64, 65, 66, 69, 71, 72, 77, 79, 82, 87, 88, 91, 93, 96, 103, 104, 105, 108, 110, 111, 112, 117, 119, 120, 122, 125, 127, 128, 137, 139, 143, 146, 150, 153, 155, 156, 160, 161, 162, 158, 175, 177, 179, 180, 181, 186

Venezuela 16, 62, 69, 71, 109, 122, 127, 175

Washington 29

Jornais e Rádios

A Noite 17
Correio da Manhã 41
Diário do Rio 17
Rádio Clube do Brasil 123
Rádio Globo 136
TV Globo 118, 120, 142, 179

Museus e Galerias

Centro Cultural Banco do Brasil 186
Escola Superior de Desenho Industrial 186
Museu de Arte de São Paulo 186
Museu de Arte Moderna 186
Museu Nacional de Belas Artes 186

Bibliografia

Obras

ÂNGELO, Assis.
A presença do Futebol
na Música Popular Brasileira.
São Paulo, 2002.

AQUINO, R. S. L. de.
Futebol, uma paixão nacional.
Rio de Janeiro: Jorge Zahar, 2002.

BELLOS, Alex.
Futebol - o Brasil em campo.
Rio de Janeiro: Jorge Zahar, 2003.

CADEIRA, Jorge.
Ronaldo - Glória e drama
no Futebol globalizado.
Rio de Janeiro: Lance!, 2002.

CALDAS, Waldenyr.
O pontapé inicial: contribuição
à memória do futebol brasileiro.
1988. Tese de Livre Docência - Escola
de Comunicação e Artes, Universidade
de São Paulo,
São Paulo, 1988.

CASTELLO, José.
Pelé - os dez corações do Rei.
Rio de Janeiro: Ediouro, 2004.

CASTRO, Ruy.
Estrela solitária - um brasileiro
chamado Garrincha.
São Paulo: Companhia
das Letras, 1995.

CASTRO, Ruy.
O Anjo Pornográfico - a vida
de Nelson Rodrigues.
São Paulo: Companhia das Letras, 1992.

COSTA, Alexandre da.
O Tigre do Futebol.
São Paulo: DBA, 1999.

GEHRONGER, Max.
A saga da Jules Rimet - a história
das Copas de 1930 a 1970.
São Paulo: Abril, 2006.

HAMILTON, Aidan.
Domingos da Guia - o Divino Mestre.
Rio de Janeiro: Gryphus, 2005.

MARQUES, José Carlos.
O futebol em Nelson Rodrigues
- o óbvio ululante, o Sobrenatural
de Almeida e outros temas.
São Paulo: EDUC, 2000.

MATTEUCCI, Henrique.
Memórias de Mário Américo -
o massagista dos reis.
São Paulo: Nacional, 1986.

MAURÍCIO, Ivan.
90 minutos de sabedoria - a filosofia
do futebol em frases inesquecíveis.
Rio de Janeiro: Garamond, 2001.

MILLS, John Robert.
Charles Miller - o pai do futebol
brasileiro.
São Paulo: Panda, 2005.

NAPOLEÃO, Antonio Carlos
e ASSAF, Roberto.
Seleção Brasileira 1914-2006.
Ed. Mauad, 2006

PAZ, S. M.
O futebol como patrimônio cultural
do Brasil. Estudo exploratório sobre
possibilidades de incentivo ao Turismo
e ao Lazer. São Paulo, 2006.

PEDROSA, Milton.
Gol de letra - o Futebol
na literatura brasileira.
Rio de Janeiro: Gol, 1967.

PUGLIESE, Osvaldo Pascoal.
Sai da rua, Roberto! - a verdadeira
história de um dos maiores jogadores
de futebol do mundo. Rivellino.
São Paulo: Master, 1999.

RIBEIRO, André.
O Diamante Eterno - biografia
de Leônidas da Silva.
Rio de Janeiro: Gryphus, 1999.

RODRIGUES, N.
A sombra das chuteiras imortais - novas
crônicas de futebol.
São Paulo: Companhia das Letras, 1994.

Sites

www.cbf.com.br
www.conmebol.com
www.fifa.com
www.rsssfbrasil.com/

Esta obra
foi composta
por Rosa Castelo
para a Prime books

impressão acabamento

rua 1822 nº 341
04216-000 são paulo sp
T 55 11 3385 8500
F 55 11 2063 4275
www.loyola.com.br